El arte de
CAMINAR
del duelo
a la
vida

Dra. Leslie Ann Hernández Montañez

GUÍA MOTIVACIONAL DE
TRANSFORMACIÓN Y SANACIÓN
PARA UN RECOMENZAR

EVOLUCIÓN PERSONAL

EL ARTE DE
CAMINAR
DEL DUELO
A LA
vida

Copyright ©2022. ISBN: 978-1-5136-9576-1
Título: "El arte de caminar del duelo a la vida"
Autora: Doctora Leslie Ann Hernández Montañez
Casa editora: ERAS Disgraf, Llc. Miami, Florida
Edición y corrección de estilo: Vivian Jiménez
Diseño y diagramación general: Euselandia Alcántara
Fotografía: Silvia Bracero / Golden Hour Photography
Edición: Noviembre 2022

La mayoría de los productos están disponibles a un precio con descuento en cantidades al por mayor para promociones de ventas, ofertas especiales, recaudación de fondos y atender necesidades educativas. Para información adicional, escriba a draleslieannhernandez@gmail.com

UNA GRACIA ESPECIAL

*Anhelando que Dios te conceda
caminar del duelo a la vida,
confiando y sin temor,
porque estás sostenido de su mano.*

Para:

_____

Fecha:

_____

DEDICATORIA

A ti, que en este tiempo más que nunca has decidido aferrarte a la vida.

A ti, a quien los vientos enérgicos te han estremecido; pero no te han derrumbado.

A ti, para quien el dolor, el sufrimiento y las lágrimas son tan intensos que dan la impresión de ser permanentes.

¡Eres fuerte! Verás pasar esta temporada de tu vida; aprenderás, madurarás y serás testigo de que el esfuerzo y la perseverancia te conducirán a nuevos comienzos llenos de abundantes alegrías y numerosas sonrisas. Ánimo. ¡Hay Esperanza!

AGRADECIMIENTOS

Expresar agradecimiento en un libro es la mejor manera de estimar y valorar un bien recibido. Este acto contiene emociones positivas, fomenta el optimismo, la felicidad y la fuerza emocional. Es la forma de resaltar los nombres de las personas que, como autora, aprecio y valoro, y que son partícipes de que el sueño de escribir un libro haya trascendido a la realidad. Agradecer cambia la estructura molecular de nuestro cerebro; ayuda a que la materia gris funcione mejor y contribuye con nuestra salud física y mental convirtiéndonos en personas más felices. ¡Agradecer es amor!

Agradezco a mi Padre Celestial que me recuerda a diario que sus planes conmigo no han terminado, que son mucho más extraordinarios de lo que mi mente puede imaginar y que durante este caminar llamado vida me ha protegido, guiado, enseñado a través de su infinita misericordia que por su gracia solo quiere añadir amor, paz, felicidad y bienestar a mi vida. Gracias por reafirmar que soy tu niña amada y que en ti lo tengo todo, que no me hace falta nada. Eres experto en unir cada pedazo en el tiempo perfecto, haciendo siempre tu mejor obra y mostrándome tu majestuosidad. ¡Te amo!

Doy gracias infinitas a mi esposo, Bobby Ray Griffin. A tu lado la vida ha sido mucho más simple. En medio de muchos días y noches de lágrimas, me consolaste afirmando en Fe que todo pasa y que vendrían tiempos mejores. Esos tiempos llegaron. Eres un hombre hecho a imagen y carácter de Dios, de una sola pieza. Agradezco tu apoyo en cada proyecto que Dios coloca en mi corazón. Sí, ¡yo lo hago!

A mis hijos, Tatyana, Lyanne, Shakeenan y Akeelah. ¡Cuán bendecida me siento por ser su mamá! Agradezco tanta comprensión. Gracias por ser mis mejores maestros y el motor para ser cada día un mejor ser humano, sabiéndome amada, respetada, honrada y valorada. Veo el amor de Dios reflejado en cada una de sus vidas. Sus sonrisas diarias inundan mi corazón de alegría y esperanza. Que Dios continúe añadiendo bendición a sus vidas y a cada uno de sus días. ¡Gracias por ser y por estar!

A mi sobrina Cynthia, Citi. ¡Qué gran regalo de amor nos has dado! ¡Qué lección de vida repleta de amor desprendido! Derramaste tu corazón reafirmando que escalaste en la adversidad y que las experiencias arduas de la vida que experimentaste no trastocaron tu corazón, sino todo lo contrario, refinaron el diamante de mujer en la que te has convertido. Eres la mejor certeza de resiliencia. ¡Gracias por tanto desprendimiento!

Al buen pastor José Luis Navajo. Cuánta esencia de servicio, empatía, pero sobre todo, amor por el prójimo. Tu sencillez y grandeza de corazón te hacen único y maravilloso, ciertamente un discípulo de Dios. ¡Gracias por enseñarme con tu ejemplo!

A María de la Cruz y Euselandia Alcántara. ¡Qué dúo de mujeres bendecidas, luchadoras y obedientes a Dios! Su llamado se refleja en cada tarea que realizan. Su humildad y devoción fomentan que diariamente muchas vidas sean tocadas y transformadas llegando a los pies de nuestro Dios. ¡Dios continúe bendiciendo su ministerio!

A cada miembro de mi familia. A mi mamá, ¡te amo! Ya han pasado 20 años en los que has estado disfrutando en la presencia de nuestro padre celestial a quien desde pequeña me presentaste. Me obsequiaste el regalo más importante que persona alguna pudiera recibir. Gracias por encargarte de transmitir nuestro patrimonio interior, la herencia de valores fundamentales, creencias y experiencias de vida intencionales que me inspiran a ser una mejor mujer cada día. ¡Este libro está inspirado en ti!

A mi hermana Panchy. No hay día en que no piense en ti y me acuerde de cada una de nuestras vivencias; muchas veces me río al preguntarme cómo sobrevivimos a tantas. Estoy convencida de que fue porque nos teníamos la una a la otra. Gracias por ser constante en enseñarme a amarrar los cordones de los tenis, ¡finalmente aprendí! Eres mi mejor maestra en muchas de las situaciones de la vida. Cada página de este libro me recuerda a ti. ¡Te amo!

A mi papá y mis hermanas, Wanda y Glory. Cada uno en su singular manera me trajo enseñanzas en este periodo. Confirmaron la expresión de que la familia es la familia y siempre está, en las buenas y en las que necesitamos más. ¡Gracias!

A cada una de mis amistades, que me prestaron su oído, hombro y tiempo para expresar mis emociones. Cada temporada y palabra la atesoro en mi corazón. ¡Siempre llevo presente el alcance positivo que cada mensaje de aliento tuvo en mis días y la diferencia que hizo!

A los pacientes que diariamente contribuyen compartiendo sus experiencias de vida. Gracias por confiarme su corazón y permitirme apoyarles para fortalecerse y sobrellevar su dolor emocional. Son un fuerte ejemplo de que las vivencias son la escuela perfecta y que nos brindan la oportunidad de alcanzar la experiencia necesaria para desarrollar lo mejor de cada uno de nosotros. ¡Gracias por ser inspiración de vida y esperanza!

CONTENIDO

Y después de que ustedes hayan sufrido un poco de tiempo, Dios mismo, el Dios de toda gracia que los llamó a su gloria eterna en Cristo, los restaurará y los hará fuertes, firmes y estables.

1ra de Pedro 5:10 (NVI)

ACUERDO

En el trayecto de nuestra vida encontraremos momentos gratos y otros no tanto. Me guía la convicción de que, aunque estemos atravesando por el valle de sombra de muerte, en los momentos más oscuros de nuestras vidas siempre hay una esperanza en el corazón. La esperanza es ese motor que nos ayuda a caminar un poquito más, el que nunca nos decepciona. Mediante este acuerdo me muevo con propósito creando conciencia y avanzando hacia mi sanidad hasta alcanzarla.

Yo _____ (Nombre), hoy _____ (Fecha), me pongo en común acuerdo, primero con Dios y luego con mi propio ser, para descubrir, aceptar y adentrarme en el propósito que tengo en esta vida. Reconozco y acepto que recibo amor infinito. Soy una obra maestra, especial, única, valiosa e importante y tengo propósito. Como me cubre la gracia, hoy tengo el valor de comprometerme y valorar mi vida. Me permito adentrarme de manera intencional en un recomenzar que me ayudará a evolucionar y a mejorar cada día convirtiéndome en un ser humano excepcional fruto de la creación.

Dichosos los que lloran,
porque serán consolados.

Mateo 5:4 (NVI)

PRÓLOGO

"Me subí a los hombros de un gigante para ver más lejos". Esta frase, de autor desconocido, pone de relieve que hay relaciones que nos hacen crecer, procedimientos y procesos que nos levantan. El libro que ahora mismo sostienes en tus manos será, sin duda, una plataforma que te alzará y te permitirá ver mucho más lejos.

Cuando alguien pidió a Jesús que revelara cuál es el principal mandamiento, el Maestro respondió sin titubeos que el más importante de todos los preceptos es "amar a Dios con todo el corazón", pero añadió que el segundo mandamiento, en orden de importancia, es "amarás a tu prójimo como a ti mismo".

Déjame que te explique, para amar al prójimo como a mí mismo, es preciso comenzar por amarme a mí. Una ausencia de amor propio me inhabilita para amar a los demás. Por eso, el libro en el que estás a punto de sumergirte es un tesoro de valor incalculable, pues nos muestra cómo surgir del abismo de la autocompasión y romper con cadenas de victimismo.

Todos hemos sido heridos a lo largo de nuestras vidas, pero no todos somos capaces de ver cicatrizar esas heridas. Es fácil quedar sumidos en el pozo de los malos recuerdos, conectar el canal de las frustraciones y daños recibidos, dedicarnos a verlo una y mil veces. En las páginas siguientes, la doctora Leslie Ann Hernández Montañez nos hace ver lo peligroso que eso resulta y nos proporciona herramientas para vencer a ese gigante.

Alguien dijo que quien trae constantemente su pasado a su presente, está matando su futuro. Es necesario enterrar a los cadáveres del pasado, porque cargar con un muerto nos matará.

Te felicito por la decisión de leer este libro; será medicina para tu dolor, bálsamo para tu herida y también hilo de oro que suturará el corazón que esté desgarrado.

Gracias, doctora, por este precioso legado que traerá sanidad y bendición.

Bienvenidos a un viaje que les hará crecer de forma maravillosa.

José Luis Navajo
Pastor

*No moriré, sino que viviré y
contaré las obras del Señor.*

Salmos 118:17 (NVI)

Tú, Señor, me has librado de la muerte, has enjugado mis lágrimas, no me has dejado tropezar.

Salmos 116:8 (NVI)

INTRODUCCIÓN

El arte de caminar del duelo a la vida fue escrito para motivarte y respaldarte en tu recomenzar. Luego de estudiarlo, notarás que has alcanzado una evolución personal admirable e incomparable. Mirarás por el espejo retrovisor solo para mostrarte satisfecho con la labor que has realizado. El primer paso ya lo diste, sí, fue la decisión de trabajar contigo mismo. ¡Te felicito!

Es necesario comenzar valorando la grandeza del ser humano que existe en ti. Mi proyecto es llegar a una amplia gama de personas como tú, que me han permitido entrar en su mundo. A su vez, entrarás en el mío y comprenderás lo que te está ocurriendo y lo que estás sintiendo en este momento de duelo. Tenemos en común un inmenso corazón. Hemos amado tanto que nos sentimos sin fuerzas para más. Fuera de minimizar nuestras emociones en estos momentos, ¡hay buenas noticias! Esta es nuestra gran oportunidad para aprender a crear raíces profundas y la disciplina necesaria para salir de este momento doloroso. He conocido una cantidad de personas admirables que lo han logrado, así que nosotros no seremos la excepción, lo conquistaremos también.

Hace veinte años experimenté dos pérdidas sumamente dolorosas. Y, ¡cómo dolieron! Sin embargo, te cuento que no tuve tiempo de reponerme de la primera, cuando ya estaba experimentando la segunda. Resulta que mi progenitora falleció el 23 de junio de 2002, debido a un cáncer, descubierto en etapa de metástasis y a consecuencia de una operación sencilla y rutinaria de vesícula, un evento sumamente inesperado. Cinco meses después del mismo año, es decir, el 21 de noviembre de 2002, me encontraba en la funeraria nuevamente. En esa ocasión falleció mi amada hermana, "Panchy", como cariñosamente la llamábamos. Era paciente de diálisis y sostuvo una corta batalla con la enfermedad renal. Son dos personas importantes en mi vida, y digo son, porque lo siguen siendo, aunque hayan fallecido. Eso tampoco cambia, mucho menos, todas y cada una de las experiencias que vivimos juntas, cada una en la respectiva relación, rol y estilo. Esas vivencias ya las tengo, son parte de mí, me acompañan y no hay nada que se pueda modificar al respecto. Lo que sí puedo compartirte es que cada día soy un mejor ser humano por haberlas tenido en mi vida. A diario las recuerdo y el amor ha evolucionado siempre para optimizar.

Por otra parte, hace nueve años experimenté la pérdida de un ser amado, sin duda alguna la persona más significativa de mi existencia, mi proyecto de vida. Aún continúa viva. Perdí la relación diaria. Caminó frente a mis ojos. Entonces, sin despedirse, sin ofrecer explicaciones, sin agradecer, sin reprochar, sin gritar y, peor aún, sin abrazar, se marchó. Repentinamente desapareció. Sé que jamás volverá. Incluso, voy más allá, reconozco que si regresara las cosas de ningún modo serían iguales. Pienso que pudieran ser de otra manera, que aún hay espacio para poder transformar y crear algo intensamente hermoso. Hubiese querido decirle lo difícil que es la vida después de los quince y que esa fantasía de lo ideal era solo eso, fantasía.

No tengo la menor duda de que las experiencias de la vida nos ayudan a desarrollarnos, a madurar y a crecer. Ya no soy la misma, he cambiado y mucho. Ciertamente, no poseía ni idea de que una persona podía gemir y llorar tanto como lo hice, hasta que me faltaron las fuerzas.

He escuchado a personas mencionar que con llorar no se resuelve nada. Humildemente profeso que están muy lejos de la verdad. Llorando limpiamos el alma, liberamos emociones y tomamos fuerzas para seguir hacia adelante. Lo que no podemos permitirnos es quedarnos en el valle de lágrimas, porque entonces, ciertamente, no avanzaremos como seres humanos. Una vez lloremos y nos saquemos esas emociones de tristeza, es momento de proseguir, pues la vida continúa.

En mis años de formación académica profesional como doctora en Conducta Humana, si algo me enseñaron a cabalidad fue a llamar los eventos de la vida por su nombre y apellido. Ese periodo transitorio de crisis, desesperanza, desolación, tristeza y dolor lo nombré chocar con la pared (término temporal utilizado para poder lidiar con mis emociones). Puedes seleccionar el tuyo, siempre recordando que su uso es provisional. Sin embargo, bien profundo en mi interior siempre supe que se trataba de duelo. Interioricé que los procesos de duelo no ocurren solo cuando fallece una persona, sino que están presentes también en distintos tipos de pérdidas. Ejemplos son la pérdida de la salud, trabajo, estabilidad, estima propia, seguridad, sentido de la vida, el desprendimiento de una persona, relación, mascotas, objetos, situaciones, así como la ruptura de enlaces significativos, entre muchos otros.

El producto de mi experiencia es la obra *El arte de caminar del duelo a la vida*. Fue creada como guía y recurso de apoyo para las personas que viven la pérdida de un ser amado o alguna otra que sea significativa con la finalidad y aspiración de que logremos crecer y madurar juntos fortalecidos en los conceptos básicos y específicos relacionados con las diferentes experiencias de pérdidas. Procuro que aumentemos los conocimientos sobre las causas de estas y las reacciones de duelo que están asociadas. Ansío que identifiquemos alternativas prácticas para manejar el duelo. Y, por supuesto, persevero en el empeño de proporcionar estrategias para que juntos nos ocupemos de mejorar nuestro proceso de duelo a través de su comprensión. No perdamos de perspectiva que desde que el mundo es mundo las experiencias de desprendimiento han estado presentes en medio de nosotros, los seres humanos y se dice que aun en el mundo animal. Lo importante es enfocarnos en generar cambios, crecimiento, progreso y evolución, recuerda, no es sinónimo de perfección.

A través de cada una de estas páginas y a medida que vayas pasándolas uno mi corazón con el tuyo y te tomo de la mano fuertemente. Anhelo desde lo más profundo de mí ser que de manera sensata y determinada puedas resurgir victoriosamente de los momentos pasajeros de duelo que, si bien dan la impresión de ser eternos, es solo eso, una impresión, un espejismo. No son permanentes y tienen tiempo de caducidad. Yo pude trabajarlo y hoy puedo decir que lo he superado, me siento bien y estable emocionalmente. Este es mi catalítico para animarte a que encares el tuyo. De algo estoy más que convencida y es de que tú también lo lograrás. Tengo la esperanza de que te armes de valor, te posiciones frente al duelo y te adueñes de ese espacio de tiempo que necesitas para adaptarte a una situación nueva en la vida. El conocimiento te empoderará. Utiliza ese poder como tu mejor aliado. ¡Tú puedes lograrlo! ¡Recibe el mejor de mis abrazos!

Mediante la lectura descubrirás que las cosas han cambiado y que no volverán a ser iguales; pero, ¡qué maravilla estar al tanto de que posees la capacidad de accionar en tu interior movilizándote a *Caminar del duelo a la vida*, siendo tu propio artista!

Mira que te mando que te esfuerces y seas valiente, no temas ni desmayes, porque Jehová, tu Dios, estará contigo a donde quiera que tú vayas.

Josué 1:9 (NVI)

Y después de que ustedes hayan sufrido un poco de tiempo, Dios mismo, el Dios de toda gracia que los llamó a su gloria eterna en Cristo, los restaurará y los hará fuertes, firmes y estables.

1ra de Pedro 5:10 (NVI)

La historia
del anillo

*Cada evento, por más alegre o triste que
sea, nos demuestra las misericordias
que Dios tiene para con nosotros
y nos reafirma que son infinitas.*

Dra. Leslie Ann Hernández Montañez

LA HISTORIA DEL ANILLO

Entre los muchos libros, artículos y escritos que he tenido la oportunidad de leer encontré una anécdota que se titula *La historia del anillo*. Esta historia contiene unas palabras claves. Las comparto contigo para que las tengas presentes en estos momentos de tu vida, pues entiendo que te ayudarán tanto como me han ayudado a mí.

Se dice que hubo una vez un rey que dijo a los sabios de la corte: "Estoy fabricando un precioso anillo. He conseguido uno de los mejores diamantes que existen en el mundo entero. Quiero guardar oculto dentro del anillo algún mensaje que pueda ayudarme en momentos de desesperación total, y que ayude a mis herederos, y a los herederos de mis herederos, para siempre. Tiene que ser un mensaje pequeño, de manera que quepa debajo del diamante del anillo". Todos los que escucharon al rey eran eruditos que podrían haber escrito grandes tratados, pero elaborar un mensaje de no más de dos o tres palabras que le pudiera ayudar al rey en momentos de desesperación total, era algo claramente retador. Los letrados se tomaron el tiempo para pensar; realizaron diversas búsquedas en sus libros, sin embargo, no podían encontrar nada que satisficiera los deseos del rey. Por otra parte, el rey tenía un anciano sirviente que, a su vez, había servido como mayordomo de su padre. Se dice que la madre del rey falleció cuando este era muy pequeño. El sirviente cuidó del rey y este lo trataba como si fuese de la familia. El rey sentía un inmenso amor por el anciano, pero, sobre todo, le inspiraba mucho respeto, de modo que también lo consultó. Y el sirviente le dijo: "Mi amado rey, solo soy un humilde sirviente, no soy un sabio ni un erudito ni un académico, pero conozco el mensaje. Durante mi larga vida en el palacio, me he encontrado con todo tipo de gente y en una ocasión me encontré con un místico. Ese místico era un invitado especial de tu padre y yo tuve el placer de estar a su servicio. La última vez que se fue, como gesto de agradecimiento, me dio este mensaje". El anciano lo escribió en un diminuto papel, lo dobló y se lo entregó al rey. Le expresó: "No lo leas, mantenlo escondido dentro del anillo. Ábrelo solo cuando todo lo demás haya fracasado, cuando no encuentres salida a la situación". Ese momento en la vida del rey no tardó en llegar. El reino fue invadido y el rey lo perdió. Se dice que estaba huyendo a caballo para salvar su vida y que sus enemigos lo perseguían. Estaba solo y los perseguidores eran numerosos. Llegó a un lugar donde el camino se acababa, no había salida. Enfrente había un precipicio y un profundo valle; caer ahí sería el fin. El rey no podía volver porque los enemigos le cerraban el camino. Ya se encontraban tan cerca que él podía escuchar el trote de los caballos. No podía seguir hacia adelante y no había ningún otro camino. De repente, el rey se acordó de las palabras del anciano: "Ábrelo solo cuando todo lo demás haya fracasado, cuando no encuentres salida a la situación". Inmediatamente abrió el anillo, sacó el papel y allí encontró un pequeño mensaje extremadamente valioso que simplemente decía: "Esto también PASARÁ". Mientras leía: "Esto también PASARÁ" sintió que se cernía sobre él un gran silencio. Los enemigos que le perseguían debían haberse perdido en el bosque o haberse equivocado de camino, pero lo cierto es que poco a poco dejó de escuchar el trote de los caballos. El rey se sentía profundamente agradecido del anciano y al mismo tiempo del místico desconocido. Aquellas palabras habían resultado milagrosas. El rey dobló el papel, volvió a colocarlo en el anillo, reunió a sus ejércitos y reconquistó el reino. Y el día en que entraba nuevamente victorioso en la capital hubo una gran celebración con música y baile; todo el mundo estaba alegre. El rey se sentía muy orgulloso de sí mismo. El anciano estaba a su lado en el carro y le dijo: "Este momento también es adecuado, vuelve a mirar el mensaje". "¿Qué quieres decir?", preguntó el rey.

"Ahora estoy victorioso, la gente celebra mi regreso, no estoy desesperado, no me encuentro en una situación sin salida", agregó. "Escucha", dijo el anciano, y añadió: "Ese mensaje no es solo para situaciones desesperadas; también es para situaciones placenteras. No es solo para cuando estás derrotado; también es para cuando te sientes victorioso. No es solo para cuando eres el último; también es para cuando eres el primero". El rey abrió el anillo y leyó el mensaje: "Esto también PASARÁ" y nuevamente sintió la misma paz, el mismo silencio, en medio de la muchedumbre que celebraba y bailaba, pero el orgullo y el ego habían desaparecido. El rey pudo terminar de comprender el mensaje. Se había iluminado. Entonces, el anciano le dijo: "Recuerda que todo pasa, ninguna cosa ni ninguna emoción son permanentes".

En mi experiencia de pérdida funcionó percatarme de que, como el día y la noche, hay momentos de alegría y momentos de tristeza. Es precisamente esa dinámica la que se produce en el duelo. Es individual, da la impresión de que estás solo, de que no hay nadie más a tu alrededor y de que te caes por un abismo. El día trae luz, mientras que la noche, oscuridad. Aunque por momentos quise cambiarlo, aun así, desde lo más profundo de mi corazón no estaba en mis manos, no estaba bajo mi control, seguiría siendo de la misma manera. Me trajo paz aceptarlo, como parte de la dualidad de la naturaleza, porque son la naturaleza misma de las cosas.

La Biblia establece en Eclesiastés 3:1-8, en la versión Reina Valera del 1960, que cada etapa y evento tiene su tiempo y una manera de ser. Cada tiempo tiene un evento que nos produce alegría y otro que no tanta, aunque en cada uno hay enseñanzas maravillosas. Cada tiempo nos enseña y nos muestra la bondad de Dios en nuestras vidas. Cada evento, por más alegre o triste que sea, nos demuestra las misericordias que Dios tiene para con nosotros y nos reafirma que son infinitas. El solo hecho de que previamente tenga previsto cada tiempo y cada momento, me brinda tranquilidad, esa tranquilidad y esa paz que sobrepasa cada entendimiento. No he aprendido tanto en momentos de tranquilidad como en mis momentos de tristeza y dolor. Los momentos de felicidad son recuerdos bellos que contemplamos y que producen sonrisas en nuestros rostros, sin embargo, recuerdo más aquellos en los que sufrí y lloré, ya que me llenaron de experiencias nuevas, de maneras distintas de realizar las cosas y también hoy puedo hablar de cómo lo realicé y lo que me funcionó en ese entonces.

El versículo establece: "Todo tiene su tiempo, y todo lo que se quiere debajo del cielo tiene su hora. Tiempo de nacer, y tiempo de morir, tiempo de plantar, y tiempo de arrancar lo plantado, tiempo de matar, y tiempo de curar, tiempo de destruir y tiempo de edificar, tiempo de llorar y tiempo de reír, tiempo de endechar y tiempo de bailar, tiempo de esparcir piedras y tiempo de juntar piedras, tiempo de abrazar y tiempo de abstenerse de abrazar, tiempo de buscar y tiempo de perderse, tiempo de guardar y tiempo de desechar, tiempo de romper y tiempo de coser, tiempo de callar y tiempo de hablar, tiempo de amar y tiempo de aborrecer, tiempo de guerra y tiempo de paz".

En ocasiones pensamos que las situaciones de la vida, tanto los éxitos como los fracasos, van a durar para siempre. Nada más lejos de la verdad. La vida tiene sus etapas y cada una está llena de diversidad de experiencias. Son precisamente estas las que nos conducen a ser los seres humanos que somos ahora. Cada experiencia acumulada en nuestra vida nos ayuda a enfrentarla desde un punto de vista distinto. Una experiencia pudiera ser similar a otra, pero no exactamente igual. Tampoco tiene por qué ser igual. La belleza y el conocimiento precisamente están en que sean distintas. Cada experiencia nos ayuda a movernos hacia adelante y es entonces cuando reconocemos que ya no somos los mismos. Incluso, cada día al despertar ya no somos los mismos, porque el ayer pasó y el día que recién estamos comenzando no sabemos qué nuevas experiencias nos traerá. De hecho, cuando terminamos una jornada laboral, en la tarde, ya no somos la misma persona que se despertó en la mañana. Hemos añadido experiencia y tiempo a nuestra vida. Lo importante es mirar cada día como uno diferente, especial, que cada tiempo sea único y que podamos apreciarlo con agradecimiento, recordando que nuestra disposición influirá grandemente en las cosas que enfrentemos durante su transcurrir y que nos llenará de experiencias y madurez.

ESPACIOS INTENCIONALES

Escribe tres tiempos de vida que hubieses deseado que pasaran rápido:

_____

_____

_____

Escribe tres tiempos de vida que hubieses deseado que permanecieran para siempre:

_____

_____

_____

¿Cuáles oportunidades de aprendizaje identificas?

_____

_____

_____

¿Cuál fue el aprendizaje (ganancia) en cada uno de los tiempos que mencionaste?

_____

_____

_____

Escribe un versículo de la Biblia que te llene de espiritualidad:

_____

_____

_____

_____

_____

_____

_____

_____

_____

_____

_____

_____

_____

_____

_____

_____

_____

_____

_____

_____

_____

_____

LA RECETA PARA QUITARSE EL DOLOR Y LA TRISTEZA

Tuve la oportunidad de leer una fábula china que me enseñó muchísimo. La comparto contigo porque estoy convencida de que también te enseñará a ti.

Había una vez una joven madre que tenía un hijo pequeño. Era viuda y criaba a su hijo sola. Un día, el lugar donde vivía fue afectado por una fuerte epidemia que alcanzó al niño, quien falleció. La mujer se sumergió en una depresión profunda. No tenía con quién compartir la tristeza y mucho menos un hombro dónde llorar. Se echó a morir. Un día decidió levantarse de la cama y consultar a un sabio chino, a quien le expresó: "Necesito que me dé alguna receta, algún método para quitarme este dolor y esta tristeza". El sabio chino, en lugar de contestarle "no puedo", prontamente le respondió: "Por supuesto, puedo hacer una fórmula mágica, de manera que cuando la tomes, te olvides de que alguna vez tuviste dolor". Continuó explicándole: "Para preparar la fórmula mágica necesito un arroz, pero no es cualquier arroz. Se trata de un arroz que tú misma debes conseguir en la aldea donde vives. Estas son las instrucciones: ve a la aldea, recorre todas las casas de alrededor hasta encontrar arroz de un hogar donde nunca hayan sufrido dolor ni tristeza. Si encuentras el arroz en alguna casa a la que jamás el infortunio, los avatares de la vida y las tragedias la hayan golpeado, tráelo y verás que yo haré la fórmula y te olvidarás de tu dolor". La mujer comenzó a visitar las casas de la aldea con un poco más de ánimo y con la esperanza de conseguir el tan preciado arroz. Por primera vez, abrió los ojos a las demás familias. "¿Cómo es posible que anteriormente no me hubiese dado cuenta de que vivía tanta gente a mi alrededor?", se preguntaba una y otra vez. Le decía a cada una de las familias: "Necesito saber si ustedes tienen alguna historia triste que contar, si no la tienen, me llevaré su arroz, ya que es necesario para eliminar mi dolor". Todas las familias tenían una historia triste. Ciertamente, no todos habían perdido un hijo, pero a alguien se le había muerto el papá, y el dolor también era intenso. Otro decía que no se le había muerto nadie, pero que se turnaban para comer porque el alimento no alcanzaba para que todos los miembros de la familia lo hicieran diariamente. En la casa del lado se lamentaban porque el hijo estaba sumergido en el mundo de las drogas. En la casa siguiente habían inscrito al hijo mayor en el servicio militar y desconocían si aún estaba con vida. Y en la casa de más allá, sufrían porque la hija había sido violada por su mejor amigo. En la casa de la esquina lloraban por el diagnóstico de cáncer de la madre. En la casa de más arriba el vecino estaba solo y sus nietos no lo visitaban y mucho menos lo procuraban. En fin, la mujer no encontró una sola casa donde no hubiese tristeza y dolor. Mientras hacía el recorrido comenzó a ayudar a los vecinos a lidiar con sus tristezas. A medida que ayudaba a los demás su estado de ánimo comenzó a cambiar. Finalmente, se dio cuenta de que el sabio chino era un timador, que la fórmula mágica no existía y mucho menos el arroz. Ayudar, servir a otros, a pesar de que ella estaba atravesando por un dolor profundo, le hizo ver que este podía valer para algo, así que lo canalizó. En lugar de quedarse en la cama, bajo las sábanas, llorando, se dio cuenta de que, a veces, una temporada por el cementerio, una caminata por los hospitales, una mirada hacia una sala de cuidados intensivos, mirar al vecino, nos hace ver la realidad de la vida.

Esta fábula china significó para mí una experiencia invaluable. Tiene tanta valía que la comparto contigo y decidí evolucionarla en un libro que pudiera servir de guía a muchas personas. Mi interpretación de esta fábula es que, en ocasiones, estamos tan concentrados en nuestras situaciones, problemas y enfermedades, que no nos damos la oportunidad de mirar hacia el lado. Cuando nos damos el permiso para hacerlo, vemos que existe una gran cantidad de personas que pasan por situaciones de vida aún más críticas y, desde mi punto de vista, mi problema se ve extremadamente pequeñito comparado con el del otro. Decidí escribir cómo me sentía, ayudar a personas que estuviesen atravesando por situaciones similares o peores que la mía. Este ejercicio fue sorprendentemente maravilloso. Cuando experimenté mi pérdida más reciente, me detuve en una librería y pregunté cuáles libros tenían relacionados con el tema. La vendedora me contestó que tenía uno que hablaba de la esperanza, otro del amor y otro de la vida. Insistí: "¿Tiene alguno que sea específico del duelo, de cómo recuperarse, de cómo trabajarlo, de qué hacer?". Me respondió: "No, de ese tema tan específico no tengo nada disponible y no creo que en otra librería lo pueda encontrar". Este ejercicio se repitió en muchísimas ocasiones en diferentes librerías y el resultado fue el mismo, por lo que decidí publicar.

Me ocurrieron muchos eventos. Recuerdo que aun estando sentada, esperando por algún servicio en una agencia de gobierno, alguna persona a mi lado comenzaba a hablar acerca de una experiencia de duelo. Al principio, pensaba que se trataba de casualidades de la vida. Tengo que confesar que no soy tan expresiva. De hecho, soy extremadamente reservada con mis asuntos. Sin embargo, esta escena de personas sentadas a mi lado, inclusive esperando en una estación del tren, que comenzaban a hablar acerca de alguna pérdida sufrida, se hizo repetitiva, constante. Fue a partir de esas experiencias que decidí darle forma a las notas que había escrito y a transformarlas en una experiencia positiva, como lo es un libro, que pudiera ayudar a otras personas a superar las etapas del duelo. Me preguntarás, pero ¿cómo es posible que la autora pretenda que yo escriba un libro o ayude a alguien si necesito ayuda para mí? Ese no es el mensaje, quisiera que la experiencia por la cual estás atravesando la cambies en positiva y veas qué oportunidades te provee. Todo tiene una razón de ser. Pienso que, en lugar de sentarme a lamentarme por lo que me está pasando, puedo tornar esa experiencia en algo positivo con lo que pueda colaborarle a otra persona. Lo que te hace experto es haber atravesado por las situaciones, pues cada cual tiene su estilo para solucionarlas. A las notas que escribas en tu proceso, puedes ponerles la fecha, hora, día y mirarlas varios meses después para comparar cómo te sientes, verás que estarás mejor. Adicionalmente, notarás que comunicar tu experiencia te ayuda a sanar. Está comprobado que escribir en sí mismo es un proceso sanador. Usualmente, escribir nace del alma, de lo más profundo de tu corazón.

Incluso, en muchas ocasiones no hace falta ni salir de la casa. Para muchísimas personas, recibir una llamada sorpresiva de alguien preguntando "¿cómo estás?", ya las hace sentir mejor. Se trata de solidarizarse con el dolor de otra persona. Es establecer conexión directa con sus sentimientos. Tal y como ocurrió en la fábula, en muchas ocasiones estamos tan ocupados con las situaciones y con la rutina diaria, que mantenemos un estrés continuo. No nos detenemos a mirar hacia el lado. Sin embargo, una sonrisa le puede cambiar la vida a alguien. Palabras de aliento como, "¡qué bien luces hoy!", "¡qué bonita es tu sonrisa!", "¡qué bien te queda ese color!", pueden marcar la diferencia en la vida de alguien que atraviesa por momentos de dolor y tristeza. La Biblia establece en Romanos 12:13-15 (traducción en lenguaje actual): "Compartan lo que tengan con los pobres. Reciban en sus hogares a los que vengan de otras ciudades y países. No maldigan a sus perseguidores; más bien, pídanle a Dios que los bendiga. Si alguno está alegre, alégrense con él, si alguno está triste, acompáñenlo en su tristeza".

Espacios Intencionales

¿De qué eventos importantes no te habías percatado antes de comenzar a atravesar por tu dolor?

_____

_____

_____

¿A cuáles personas (selecciona unas tres) pudieras llamar, escribirles o ver para alegrarles el día?

_____

_____

_____

¿Cuáles personas conoces que han atravesado por momentos de dolor?

_____

_____

_____

Notas creadas en mi proceso:

_____

_____

_____

_____

_____

_____

_____

_____

_____

Escribe un versículo de la Biblia que te brinde sanidad:

_____

_____

_____

_____

_____

_____

_____

_____

_____

_____

_____

_____

_____

_____

_____

_____

_____

_____

_____

_____

_____

_____

_____

PERSONAJES DE LA BIBLIA QUE ATRAVESARON POR EL DOLOR Y LA TRISTEZA

*Circunstancias difíciles de la vida
ayudaron a algunos personajes de la
Biblia, como Noemí, Job, David, Elías
y Jonás, a fortalecerse, ser resilientes y
convertirse en ejemplos de superación.*

Dra. Leslie Ann Hernández Montañez

Personajes de la Biblia que atravesaron por el dolor y la tristeza

El dolor y la tristeza siempre han estado presentes en la vida de todos los seres humanos. Diversos personajes de la Biblia expresaron su pesar en distintas formas. Es importante mencionarlo para resaltar que esos sentimientos son tan remotos como la vida misma. Desde tiempos antiguos existen reportes sobre ellos. Sin embargo, también hay estrategias de manejo asertivas que nos ayudan a superarlos de manera exitosa y a entender que son producto de situaciones pasajeras que debemos aceptar como parte de la vida.

La tristeza es una de las principales emociones del ser humano. Es primaria y temporal. La mayoría de las personas la experimentan en algún momento de su vida, por lo que es considerada universal. Está relacionada con bajos estados de ánimo e infelicidad temporal, regularmente causados por pensamientos deliberados sobre acontecimientos desagradables. De manera cotidiana la tristeza surge cuando recibimos noticias negativas o al experimentar situaciones emocionalmente complicadas en el diario vivir.

El dolor emocional es una experiencia subjetiva. Es decir, es una percepción, opinión o argumento muy personal e individual que corresponde a la manera de pensar. Cuando hay dolor, usualmente la persona tiene una herida en el plano psíquico que no es visible, pero que provoca un gran sufrimiento interno. En algún momento de nuestra vida todos hemos sentido dolor emocional, que puede experimentarse como rotura por dentro.

Dedicando una mirada a los siguientes personajes de la Biblia notaremos que vivieron experiencias de victorias y éxitos en el trayecto de sus vidas, pero también atravesaron por momentos de dolor y tristeza. Son historias distintas que describen momentos específicos en la vida de cada cual. Sin embargo, tienen en común que terminaron airosos y victoriosos. Ninguno de ellos acabó igual que como empezó. Los procesos de la vida los ayudaron a fortalecerse, a ser resilientes y a convertirse en ejemplos de superación. Los momentos de dolor y tristeza tuvieron tiempo de caducidad. Es en esos momentos cuando se produce la maduración.

Noemí

La Biblia relata en el libro de Ruth 1:1-19 que Noemí estaba casada y tenía dos hijos. Quedó viuda. La pérdida de la pareja es una de las más retadoras, por lo que debió ser muy difícil para ella superar ese duelo. Quedó sola con sus dos hijos teniendo que enfrentar nuevas responsabilidades, con el agravante de vivir en tierra extranjera. En un periodo de diez años sus dos hijos murieron. Es decir, Noemí perdió a su esposo y a sus hijos, y vivía en un lugar que no le era conocido. El duelo y la migración pueden ser detonantes de la depresión. El nombre de Noemí es muy particular, pues significa dulce. Cuando ella regresó a su tierra original requirió que la llamaran Mara, que significa amarga, lo que puso en evidencia que su corazón estaba lleno de dolor y tristeza por las experiencias vividas.

David

Desde etapas tempranas de su vida, David se desempeñó como pastor de ovejas. Este trabajo requería de esfuerzo y responsabilidad, pues era arduo y peligroso. Sin embargo, en esa época era una labor a la que no se le prestaba atención y mucho menos se le adjudicaba valor alguno. David era el menor de los hermanos y fue despreciado por los miembros de su familia y subestimado por la apariencia física. Ya adulto, atravesó por muchos momentos de dolor y tristeza. Fue perseguido por un rey, sufrió intentos de asesinato, algunos hijos lo traicionaron, otros murieron o mataron a sus hermanos. Aunque obtuvo muchas victorias, experimentó dolor y tristeza por las experiencias de vida que atravesó.

Elías

Elías era un profeta judío que vivió tiempos de angustia en los que se vio forzado a huir por causa de las amenazas de muerte que recibió de la reina Jezabel. Enfrentó momentos de profunda angustia, dolor y tristeza en los que se sintió tan afligido que deseó morir. La Biblia registra en 1ra de Reyes 19:4 (NVI): "Y él se fue por el desierto a un día de camino, y llegó y se sentó debajo de un enebro; y deseando morirse, dijo: Basta ya, oh Jehová; quítame la vida, porque no soy yo mejor que mis padres". Tal requerimiento evidencia que su corazón estaba lleno de dolor y tristeza.

Jonás

Jonás era un profeta hebreo cuyo nombre significa paloma. Su caso es un claro ejemplo de que, en ocasiones, los niveles de dolor y tristeza no vienen asociados a una experiencia personal, sino como manifestación del enojo que podemos experimentar a consecuencia de un evento del que no tenemos control, pero con el que no estamos de acuerdo. Jonás se enfureció al ver que Dios había perdonado al pueblo de Nínive y por tal causa quiso morir. La Biblia registra en Jonás 4:3: "Ahora, pues, oh Jehová, te ruego que me quites la vida; porque mejor me es la muerte que la vida". El requerimiento evidencia que su corazón estaba lleno de dolor y tristeza.

Job

A Job se le consideraba un profeta. Perdió a sus hijos, sus bienes, sus riquezas y contrajo una enfermedad incurable. Algunas amistades lo acusaron de pecar contra Dios. En medio de su proceso se hizo muchas preguntas y deseó no haber nacido. La Biblia registra en Job 3:3-4: "Perezca el día en que yo nací, y la noche en que se dijo: Varón es concebido, sea aquel día sombrío, y no cuide de él Dios desde arriba, ni claridad sobre él resplandezca". El requerimiento evidencia que su corazón estaba lleno de dolor y tristeza.

ESPACIOS INTENCIONALES

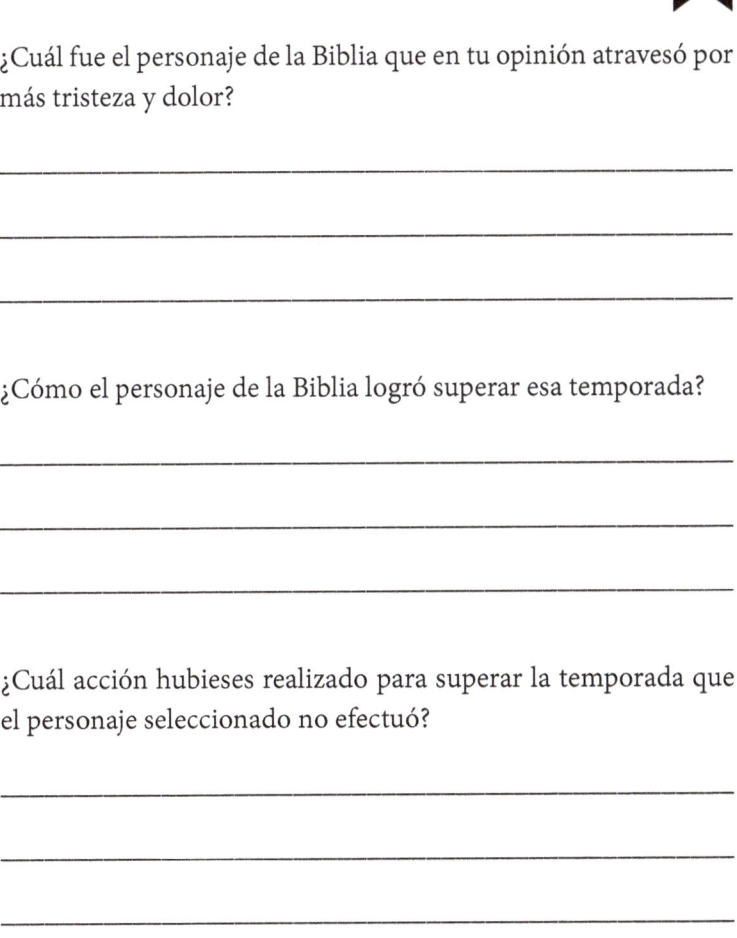

¿Cuál fue el personaje de la Biblia que en tu opinión atravesó por más tristeza y dolor?

_____

_____

_____

¿Cómo el personaje de la Biblia logró superar esa temporada?

_____

_____

_____

¿Cuál acción hubieses realizado para superar la temporada que el personaje seleccionado no efectuó?

_____

_____

_____

Tal como el personaje de la Biblia lo logró, ¿cuáles alternativas pudieras generar para superar esta temporada en tu vida?

_____

_____

_____

Escribe un versículo de la Biblia en el que el personaje haya recibido perdón:

_____

_____

_____

_____

_____

_____

_____

_____

_____

_____

_____

El duelo en el reino animal

El afecto que algunas personas sienten por los animales está en el mismo nivel que el que experimentan con los humanos debido a que establecen una conexión significativa que les genera felicidad y bienestar. He escuchado a muchos pacientes mencionar que en una mascota encuentran amor incondicional. Por esa razón este capítulo cobra mucha importancia, ya que no podemos pasar por alto la gran cantidad de personas cuya única compañía es la diversidad de mascotas que se convierten en familia. Este capítulo se reseña para abarcar cómo se refleja el duelo en el reino animal. En adición, se explica cómo los animales manejan experiencias de vida diarias y de pérdidas.

Aunque la pérdida de un ser amado es un evento que no seleccionamos, la manera en que determinamos enfrentarlo y trabajarlo es un proceso de valientes repleto de posibilidades.

Dra. Leslie Ann Hernández Montañez

La transformación del águila: renovarse o morir

Los estudios revelan que el águila real americana es el ave que posee mayor longevidad dentro de su especie, pues puede vivir hasta setenta años. En el ecuador de su vida, el águila tiene que tomar una seria y difícil decisión.

Al cabo de los 40 años sus uñas curvas y flexibles son tan largas que no les permiten agarrar a las presas de las cuales se alimenta. El pico, que tiene características alargadas y puntiagudas, comienza a tornarse contra su pecho, lo que representa un peligro contra sí misma. Las alas, envejecidas y pesadas por el grosor de las plumas, hacen difícil y complicada su tarea de volar. Es en ese momento crucial cuando el águila tiene que tomar una decisión solo entre dos alternativas posibles. La primera es dejarse morir, mientras que la segunda es enfrentar un doloroso proceso de renovación que se extenderá por espacio de ciento cincuenta días. Ese proceso consiste en volar hacia lo alto de una montaña y refugiarse en un nido que esté próximo a una pared, donde no necesite volar. Es en este momento cuando comienza lo fuerte de su proceso. Una vez está refugiada, comienza a golpear su pico contra la pared hasta arrancarlo. Cuando lo logra, tiene que esperar que nazca un nuevo pico con el que luego tendrá que desprender sus viejas uñas. Cuando sus nuevas uñas comienzan a nacer, es el momento oportuno para desprenderse de sus viejas plumas arrancándolas, con su nuevo pico. Ya para este entonces, habrán transcurrido cinco meses, es decir, ciento cincuenta días extremadamente duros y dolorosos. Es entonces cuando el águila vuelve a tener un pico fuerte, joven; plumas nuevas, sedosas y brillosas, además de uñas que les son útiles para poder alimentarse. Luego de este proceso, el águila estará lista para realizar su vuelo de renovación y a partir de entonces dispondrá de treinta años más de vida.

Diariamente, desde que abrimos los ojos tomamos decisiones, algunas más trascendentales que otras. Decidimos si nos levantamos o no. Si vamos a trabajar o no. Si desayunamos o no. Si nos enfrentamos al tránsito o no. Así sucesivamente, como el águila, debemos decidir si seguimos o nos detenemos. Es importante que tengamos estos ejemplos presentes porque nos ayudan a asimilar que cada día comienza con sus conquistas, retos y oportunidades, que necesitamos equiparnos de valor para realizar cambios, sanar heridas del pasado y esperar mejores tiempos.

ORACIÓN

Señor y padre celestial,
tú me has dado la vida, te doy las gracias
porque a través de tu infinito amor me iluminas
y me encaminas para tomar decisiones adecuadas.

Te pido que no me sueltes de tu mano, que en medio de esta
transformación fuerte que estoy atravesando pueda
ver en ti mi nido más seguro.

Ayúdame a descansar en tus promesas confiando en que de ti
provienen mis fuerzas. ¡Con tu ayuda, hoy elijo renovarme!

Soy una nueva persona. En el dulce nombre de Jesús,

Amén

El dolor de un perro fiel

Un perro de la raza *skye* terrier llamado Bobby era propiedad de un pastor escocés de nombre John Gray, quien murió en el año 1858, durante uno de sus viajes de fin de semana a Edimburgo. John fue enterrado en Greyfriars Kirk. Su pequeño perro fue enviado a la granja de John, ubicada en Pentland Hills, pero el fiel animal regresó por sus propios medios a Edimburgo y apareció en el cementerio un día después del funeral. Los vecinos curiosos, quienes conocían al canino, lo alimentaban. La mascota permaneció junto a la tumba de su amo durante los siguientes catorce años, hasta su muerte, ocurrida en el año 1872. Para ese entonces, el perro ya se había hecho tan famoso que la reina Victoria ordenó que lo enterraran junto a John Gray, en el mismo cementerio. Actualmente, existe una estatua en recuerdo de Bobby, cerca de Greyfriars Kirk. Siempre se ha dicho que los perros se afligen por la muerte de su amo, sin embargo, en esa época no se habían realizado estudios ni investigaciones al respecto que lo confirmaran. No se sabía con certeza si la actitud de Bobby constituía un auténtico entendimiento de la muerte o si era solo el resultado de la angustia producida por la separación de alguien muy querido.

En el año 1979 se publicó el libro titulado Sobrevivir: la gran lección del reino animal, escrito por Vitus B. Droscher. En esa época, la ciencia estaba renuente a atribuir algún tipo de emoción o sentimientos a cualquier animal. Sin embargo, es conocido el caso de la viuda Anna Borchert, quien tuvo la compañía de su perro durante muchos años. Cuando ella murió, su familia no pudo hacerse cargo del perro, por lo que decidieron llevarlo a un refugio para animales abandonados. El canino se mantuvo con el rabo entre las patas, no consumió comida alguna, ni siquiera la olfateaba y tres días después, murió. Dentro de los motivos de la muerte se encontró que tenía estrés producido por la fulminante tristeza de haber perdido a su dueña.

Como los tiempos cambian y las investigaciones avanzan, en años recientes la sapiencia ha encarado nuevos desafíos que la inducen a tantear nuevas perspectivas. Las exploraciones han aumentado y con ellas nuevos hallazgos han surgido en ambientes de reservas naturales, así como de vida silvestre. Es posible que el reino animal haya modificado sus conductas o, por lo contrario, que estas se mantuvieran invariables y no hayan sido observadas con detalle en épocas anteriores.

Innegablemente, no estamos solos en el planeta tierra. Luego de haber realizado una indagación acerca de cómo los animales perciben el duelo encontré datos sorprendentes, los cuales comparto contigo para que confirmes que no estás solo. No es mi intención compararnos con los animales, pero sí que creemos una mirada amplia acerca del duelo. Hasta los animales, que en muchas ocasiones son nuestra única compañía, pasan por momentos de tristeza.

La comunidad científica realizó un estudio basado en observaciones a las madres de chimpancés. Los resultados revelaron que conservan durante largo tiempo un contacto estrecho con sus crías, a quienes transportan alrededor de dos años y las cuidan hasta que cumplen entre cuatro y seis. En este grupo las demostraciones de afecto están presentes por el resto de sus vidas. Podría decirse que la relación madre-hijo es la más importante dentro de sus integrantes. Una investigación realizada por Katherine Cronin y Edwin Van Leeuwen, del Instituto Maz Planck de Psicolingüísticas, en colaboración con el Innocent Chitalu Mulenga del Chimfunshi y el doctor Mark Bodamer, profesor de Psicología, de la Universidad Gonzaga, de Washington proporcionó datos únicos de cómo los chimpancés, uno de los primates más cercanos a los humanos, aprenden acerca de la muerte. Cronin y sus colegas observaron el comportamiento de una chimpancé que acababa de perder a su cría de dieciséis meses. Comprobaron que, tras fallecer la cría, la madre siguió acarreando el cuerpo durante más de veinticuatro horas y después lo tendió en el suelo en un área del bosque. Se acercaba y se alejaba muchas veces. Cuando se acercaba, espantaba las moscas que se acercaban al cuerpo. Lo observaba con detenimiento, pasando sus dedos sobre la cara y el cuello de la cría durante varios segundos. Después de permanecer junto al cuerpo durante casi una hora, lo llevó hasta un grupo de chimpancés que comenzó a examinarlo. Al día siguiente, la madre dejó de cargar el cuerpo de la cría.

Los investigadores creen haber demostrado la existencia de un periodo de transición durante el cual la madre advierte que su cría ha muerto. Concluyeron en que las imágenes observadas pueden asemejarse al duelo que los seres humanos sufren al perder a un ser querido.

ORACIÓN

Amado Dios,
Tú mejor que nadie conoces lo
que es pasar por momentos de aflicción,
me causa alivio saber que puedo contar contigo,
me tranquiliza el hecho de que anduviste
este camino y terminaste airoso.
Te pido que me ayudes a controlar mis actitudes
y dirijas mis emociones.
Descanso al saber que estarás a mi lado sosteniéndome,
mientras me esfuerzo por modificar
mi conducta diariamente.
Te pido, por favor, que me añadas madurez
y crecimiento en este periodo de transición.
En el poderoso nombre de Jesús,
Amén

El vuelo de los gansos

En el universo animal descubrimos modelos admirables que aportan aprendizaje a los seres humanos. Hace algún tiempo leí un edificante y confortante estudio científico que trataba sobre el vuelo en forma de V de los gansos. Por alguna razón, esta lectura ha permanecido en mi psiquis.

La etiología ha descubierto la razón por la cual los gansos vuelan juntos. Lo hacen formando una V porque cada pájaro, al batir sus alas, produce un movimiento en el aire que ayuda al ganso que va detrás. Volando en V, el grupo aumenta al menos un setenta por ciento su poder de vuelo, comparado con el que cada pájaro tuviera si lo hiciera de manera individual. Los gansos comprueban que hay una forma de volar que, no solo facilita el vuelo individual, sino que ayuda al resto del grupo a hacerlo. Cada vez que un ganso se sale de la formación y siente la resistencia del aire, se da cuenta de la dificultad de volar solo y de inmediato se reincorpora al grupo para beneficiarse del poder del compañero que va adelante. Cuando un líder de los gansos se cansa, se pasa a uno de los puestos de atrás y otro ganso toma su lugar. Los gansos que van detrás emiten frecuentemente un sonido peculiar con el propósito de estimular a los que van en el frente a mantener la velocidad. Cuando un ganso enferma o cae herido, dos de sus compañeros se salen de la alineación y lo siguen para socorrerlo y protegerlo. Permanecen con él hasta que esté nuevamente en condiciones de volar o hasta que muere. Los gansos han descubierto que es mejor ayudarse unos a otros. Es más razonable apoyarse. En la unión está la fuerza. Cuando un ganso decide volar por su cuenta, olvidándose de los demás, tiene muchas más dificultades. Los gansos nos dan otra lección con su estrategia agrupada de vuelo. Cuando uno no puede más, es relevado por otro que tiene que hacer un esfuerzo singular durante un tiempo. El líder vuela al servicio del grupo. El sonido que emiten los gansos sirve de estímulo y de aliento a los demás. Frente al uso de la palabra para destruir, desanimar, criticar y demoler, existe la alternativa de utilizarla para alentar, ayudar y estimular a los demás. Los gansos se animan a través de los sonidos, que quieren decir: "¡Estamos juntos, ánimo, adelante!". De esta maravillosa lección me gusta, sobre todo, la ayuda que el grupo presta a quien flaquea o enferma. Precisamente esto fue lo que decidí hacer con mi experiencia de vida, compartirla y transformarla, de modo que facilite nuestro vuelo juntos.

ORACIÓN

Señor y Padre celestial,
te doy las gracias porque tú no me dejas volar solo,
contigo mi vuelo es más que seguro,
reconozco que vas delante, y no tengo temor,
siento que tú me abrazas y me cubres con tus alas,
mi vuelo se siente mucho más liviano.
Reconozco que, sin ti, mi vuelo será mucho más difícil;
a tu lado siento que puedo seguir hacia adelante,
descanso en la tranquilidad de que tú no te cansas.
¡Tus fuerzas son inagotables!
En el dulce nombre de Jesús,
Amén

ESPACIOS INTENCIONALES

¿Cuál es tu opinión acerca del proceso de transformación del águila?

_____

_____

_____

Si fueses águila, ¿cuál hubiese sido tu decisión?

_____

_____

_____

¿Cuál es tu nido seguro?

_____

_____

_____

Selecciona alguna persona (escribe nombre) que te ayude a aumentar tu poder de vuelo:

_____

_____

_____

Escribe un versículo de la Biblia en el que *el bien* y *la misericordia* de Dios se vio reflejado en bienestar en la vida de alguien (puede ser en la tuya).

_____

_____

_____

_____

_____

_____

_____

_____

_____

_____

_____

ORACIÓN

Señor y Padre celestial,

te doy gracias por tus enseñanzas a diario,

te pido que me ayudes a valorar el vínculo

más importante en mi vida que eres TÚ.

Te pido de manera especial que

me ayudes a ver este proceso como lo que es,

un periodo de transición que me ayudará a mejorar

y a alcanzar mi mayor madurez y que,

aunque en este momento no lo pueda percibir,

pueda entender que todo tiene un propósito.

Ayúdame a que tu ejemplo de vida en la tierra me impulse,

a saber que todo obra para bien y que descansando

en tu promesa, lo voy a lograr.

En el dulce nombre de Jesús,

Amén

Origen de los conceptos Arte, Caminar, Duelo, Vida, Proceso y Crisis

El duelo es la respuesta al amor que sentimos por el ser especial que hemos perdido. Es nuestra reacción emocional ante la pérdida física y el permiso que nos damos para expresarla de la manera más auténtica posible.

Dra. Leslie Ann Hernández Montañez

Origen de los conceptos Arte, Caminar, Duelo, Vida, Proceso y Crisis

La aventura del arte

La Real Academia Española ha definido el término arte como: "La capacidad o habilidad para hacer algo. Manifestación de la actividad humana mediante la cual se interpreta lo real o se plasma lo imaginado con recursos plásticos, lingüísticos o sonoros. Conjunto de preceptos y reglas necesarias para hacer algo. Disciplina integrada en el trivio o el cuadrivio que proporciona conocimientos y destrezas intelectuales al hombre libre".

La palabra *arte* se deriva del latín *ars, artis,* y este del griego *techné.* Es entendido generalmente como cualquier actividad o producto realizado por los seres humanos con una finalidad estética y comunicativa, mediante la cual se expresan ideas, emociones o, en general, una visión del mundo a través de diversos recursos. El arte es un componente de la cultura, reflejando en su noción la transmisión de ideas y valores que son inherentes a la diversidad humana a lo largo del espacio y tiempo. Se dice que el vocablo *'arte'* tiene una extensa acepción, alcanzando a distinguir cualquier actividad humana hecha con esmero y dedicación, o cualquier conjunto de reglas necesarias para desarrollar de forma óptima una actividad, por lo que, en ese sentido, es sinónimo de capacidad, habilidad, talento y experiencia.

Sin embargo, originalmente el término fue aplicado a toda la producción realizada por los seres humanos y a las diversas disciplinas del *saber hacer*. Es decir, fueron adjudicadas al escritor, cocinero, jardinero, constructor, pintor y poeta en igual proporción, por citar algunos ejemplos, aunque pudieran ser aún muchos más. Con el paso del tiempo, la derivación latina *ars* comenzó a ser utilizada en la designación de las disciplinas relacionadas con las artes de lo estético y lo emotivo, y la derivación griega *teché* para disciplinas relacionadas con las producciones intelectuales, así como de artículos de uso.

Con el propósito de definir los conceptos que observaremos a través de la lectura realicé una búsqueda en diferentes medios. El resultado fue el sorprendente descubrimiento de que la definición del concepto arte es *abierta* y *subjetiva*. De igual manera, no existe una postura unánime entre la diversidad de historiadores, filósofos o artistas en cuanto a una definición común, específica y/o concreta. Sin embargo, no es menos cierto que a lo largo del tiempo han surgido numerosas definiciones del término arte. Entre ellas compartiré algunas que me parecieron jocosas, variadas, discutibles, grandiosas y de gran trascendencia, entre otras cosas. Otras fueron ingredientes para provocarme un pensamiento crítico más profundo y hasta debatir internamente con nociones que luego terminé integrando a mi vida. Las comparto con ustedes a continuación con la intención de comenzar a adentrarnos en el tema del recurso de apoyo que tienes en tus manos, *El arte de caminar del duelo a la vida.*

Enfoques del término *arte*: me di a la tarea de hacer una búsqueda relacionada con las desemejantes definiciones que diferentes personas le dan a la palabra *arte* alrededor del planeta. Aquí comparto algunas que captaron mi atención.

Arte:

Es el recto ordenamiento de la razón...
Santo Tomás de Aquino

Es aquello que establece su propia regla...
Schiller

Es estilo...
Max Dvorak

Es la experiencia de la sociedad...
John Ruskin

Es la libertad del genio...
Adolf Loos

Es la idea...
Marcel Duchamp

Es la novedad...
Jean Dubufett

Es todo aquello que los hombres llaman arte...
Dino Formaggio

Es la acción, la vida...
Joseph Veuvs

Es la mentira que nos ayuda a ver la verdad...
Pablo Picasso

Permite crear la ilusión perfecta de la realidad y expresa genio...
Leonardo DaVinci

El arte es vida, vida es arte...
Wolf Vostell

El arte es:

Este espacio es proporcionado como ejercicio práctico con el propósito de que puedas crear y luego añadir tu propia definición de ARTE.

También tengo mi definición y visión del concepto, por supuesto. Desde mi perspectiva a través de esta aventura llamada vida, he visto el arte como uno de los medios de expresión primordiales de los individuos. Mediante él tenemos espacios libres para manifestar nuestras ideas y sentimientos. Por otra parte, también es una forma de relacionarnos con el mundo de manera asertiva. Por esta razón, *caminar del duelo a la vida* es un *arte*, ya que parte de una experiencia de vida, destacando la pincelada de crear mi expresión artística, matizando el aspecto trascendental como uno vital, impulsando a tomar acción, por supuesto, la acción de *caminar*. Lo contrario sería quedarnos detenidos y la misma vida no nos lo permite, ya que va en incuestionable cambio y requiere de nosotros movimiento constante, queriéndolo o no. En la mayoría de los momentos esto ocurre sin que se consideren nuestros más profundos deseos. Sin embargo, como resultado del arte tenemos la capacidad de ser los expertos de cada una de nuestras experiencias de vida. Hay algunas que se presentan repentinamente, nos mueven el piso, nos dejan sin aliento y, siendo sincera, nos detienen por un periodo, como lo es el proceso de duelo. Sin embargo, hay buenas noticias, esta situación no puede ser permanente.

Todo pasa y el duelo también pasará. Debemos movernos para crear nuestros espacios de arte e instaurar vivencias, reinventarnos, incluir eventos nuevos, seguir viviendo y, por qué no, conocer gente. En fin, darnos nuevas oportunidades que anteriormente hubiese sido imposible concebirlas o creerlas posibles. Es importante recordar como secuela que todos los seres humanos tenemos la capacidad de ser artistas y creadores de cada una de nuestras experiencias de vida.

En el año 2014, la Real Academia Española definió la palabra *caminar* de la siguiente manera: "Andar determinada distancia. Ir de viaje. Ir andando de un lugar a otro. Seguir su curso. Dirigirse a un lugar o meta, avanzar hacia él. Caminar derecho. Proceder con rectitud".

Entonces, para los efectos del presente proyecto de lectura imaginemos que la *aventura de caminar* es la acción de poner un pie frente al otro, de manera que el ser humano, animal o cosa que tenga pies o patas, pueda de este modo movilizarse de un determinado lugar a otro.

La historia registra que la primera persona con antecedentes de largas caminatas fue el caudillo y legislador hebreo Moisés. Se reconoce que Moisés salió de Egipto y guió al pueblo de Israel durante cuarenta años a través del desierto, enfrentando graves peligros, luchando contra feroces enemigos y soportando duras penalidades rumbo a la Tierra Prometida.

Por otra parte, si recordamos algunas escenas de la película Forrest Gump, protagonizada por el actor Michael Humphreys (en etapas de niñez) y Tom Hanks (en etapa de adultez), encontramos que el personaje principal, por huir de los nazis que observaba debido a su condición emocional, se vio involucrado en una caminata desde la costa este hasta la costa oeste de los Estados Unidos para evadirlos.

Estos ejemplos que señalé tuvieron la intención de explicar que la forma evolucionada de caminar está basada en las leyes de la inercia, según la cual, todo objeto en movimiento lo sigue estando hasta que choque contra una pared. Precisamente eso fue lo que sentí, literalmente, que choqué contra una pared. Una pared fría, dura, inflexible, dolorosa, injusta, inesperada, vacía, de momentos de soledad y de abandono que me urgía entender, tal vez porque a la mayoría de las personas, hasta las descritas con personalidad aventurera, nos gustan que las cosas permanezcan iguales, con pocos cambios o al menos que sean similares a lo conocido.

La aventura del duelo

La Real Academia Española define la palabra *duelo* de la siguiente manera: "Combate o pelea entre dos, a consecuencia de un reto o desafío. Enfrentamiento entre dos personas o entre dos grupos. Dolor, lástima, aflicción o sentimiento. Demostraciones que se hacen para manifestar el sentimiento que se tiene por la muerte de alguien. Reunión de parientes, amigos o invitados que asisten a la casa mortuoria, a la conducción del cadáver al cementerio o a los funerales".

El duelo es la respuesta al amor. Sí, lo leyó bien, es nuestra respuesta al amor que sentimos por ese ser especial que hemos perdido. Es nuestra reacción emocional ante la pérdida física y el permiso que nos damos para expresarlos de la manera más auténtica posible. Se necesita valentía, coraje y determinación. Parecería más fácil sentarse a llorar y esperar que el tiempo pase y se encargue de que la pérdida no duela más. Como se escucha de manera cotidiana, el tiempo todo lo borra. Dejándolo sin resolver y pensando que se desvanecerá por si solo lo único que lograremos será prolongar el dolor. Debemos hacer frente al hecho de que no existe una varita mágica para lidiar con los sentimientos del duelo. Sin embargo, existen y tenemos a nuestra disposición estrategias adecuadas que podremos descubrir en el camino de regreso a nuestra estabilidad anterior. Es una falsa creencia que vaya a ocurrir en un abrir y cerrar de ojos o en el tiempo que le toma a la noche que llegue la mañana. Afrontar el proceso de duelo requiere tiempo, trabajo y esfuerzo de nuestra parte. Es importante que no te exijas demasiado, que te tengas paciencia, pero que, a su vez, no te quedes sin tomar acción. Reconoce, explora y respeta tu ritmo, verás que pronto encontrarás la salida. Ten presente que todo pasa.

La aventura de la vida

La Real Academia Española define la palabra *vida* de la siguiente manera: "Energía de los seres orgánicos. Hecho de estar vivo. Existencia de seres vivos en un lugar. Estado o condición a que está sujeta la manera de vivir de una persona. Tiempo que transcurre desde el nacimiento de un ser hasta su muerte o hasta el presente. Duración de una cosa. Narración de los hechos principales de la vida de una persona. Animación, vitalidad de una persona o de una cosa. Espacio largo de la vida de una persona. Se refiere al adjetivo vivo, que tiene vida. Adjetivo que se refiere a que dura todo el tiempo en que alguien vive. Los seres humanos tenemos un tiempo de vida".

La Real Academia Española define la palabra *proceso* de la siguiente manera: "Es un conjunto o encadenamiento de fenómenos, asociados al ser humano o a la *naturaleza*, que se desarrollan en un periodo de tiempo finito o infinito y cuyas fases sucesivas suelen conducir hacia un fin específico. La palabra proceso es un sustantivo masculino que se refiere de modo general a la acción de *ir hacia adelante*. Es el conjunto de las diferentes fases o etapas sucesivas que tiene una acción o un fenómeno complejo".

La Real Academia Española define la palabra *crisis* de la siguiente manera: "Es una mutación considerable en una enfermedad tras la cual se produce un empeoramiento o una mejoría. Cambio importante en el desarrollo de un proceso que da lugar a una inestabilidad, problema, conflicto, situación delicada. Situación *grave* y *difícil* que pone en peligro la continuidad, el desarrollo de un proceso físico, histórico, espiritual, escasez o falta de lo necesario".

Como dato curioso la palabra crisis en japonés 危機 está compuesta por los caracteres 危険 que significan peligro y las letras 機会 que significan oportunidad. La cultura japonesa se caracteriza por buscar alternativas que redunden en beneficios ante situaciones dificultosas. Uno de los mejores ejemplos es la manera en cómo resurgieron después de la guerra. Si nos dejamos llevar por la definición de los japoneses encontramos espacios de oportunidades en el peligro.

Peligro

Oportunidad

Crisis

Espacios intencionales

¿Qué significa duelo para ti?

_____

_____

_____

¿Qué significado le has dado al duelo en tu vida?

_____

_____

_____

¿Qué significa crisis?

_____

_____

_____

_____

Durante el proceso de duelo, ¿qué oportunidades de vida puedes identificar?

_____

_____

_____

Escribe un versículo de la Biblia en el que el personaje mostró *resiliencia:*

_____

_____

_____

_____

_____

_____

_____

_____

_____

_____

_____

Duelo: épocas, culturas y rituales

*Cada momento de duelo viene acompañado
de oportunidades de crecimiento, de procesos
de aprendizaje y de experiencias que nos
ayudan a manejar situaciones cada
vez más difíciles.*

Dra. Leslie Ann Hernández Montañez

DUELO:
ÉPOCAS, CULTURAS
Y RITUALES

La manera en que entendemos los procesos de la muerte, así como nuestras aproximaciones, está íntimamente relacionado con nuestra cultura. Estas percepciones han evolucionado a través de la historia de los seres humanos. Es necesario estar conscientes de que cada duelo es individual, sin embargo, en el plano cultural hay unas características que son compartidas por los habitantes de determinado lugar.

Épocas

Un vistazo a la historia hasta la primera mitad del siglo pasado permite apreciar que en algunos países la ley regulaba el combate singular como medio de dirimir conflictos personales. Esta costumbre de origen medieval se basaba en la creencia de que el vencedor en el campo de honor limpiaba su dignidad y, al mismo tiempo, demostraba que tenía razón, ya que "era Dios quien le otorgaba la victoria". En Uruguay, país de América del Sur, situado en la parte oriental del Cono Sur, paradójicamente, uno de los duelos más famosos tuvo lugar a comienzos del siglo

XX, con la participación de un gobernante notorio por su ateísmo, el dos veces presidente José Battle y Ordóñez, quien mató de un balazo a su rival político, Washington Beltrán.

La palabra duelo proviene del latín *duellum*, variante arcaica de *bellum* (guerra), que cambió de sentido en el bajo latín por influencia de duo (dos). La voz homónima que denota luto tiene una etimología diferente. El término *duelo* es uno de tantos vocablos polisémicos que existen (una misma palabra que significa varias cosas diferentes y además tiene distintos orígenes etimológicos). Por un lado, tenemos que se le llama duelo al *enfrentamiento que, siglos atrás, se realizaba entre dos contrincantes* y que normalmente era a vida o muerte. Este tipo de duelo tenía unas reglas muy específicas en las que se podía elegir el modelo de armas con las que se iba a retar y debía contar con unos testigos (padrinos) que diesen fe de la buena praxis de los contendientes e incluso sustituyeran a estos en caso de necesidad. Normalmente, se retaba a alguien a un duelo porque uno había ofendido el honor del otro (o de una tercera persona, como por ejemplo, la esposa) e incluso si existía alguna rivalidad entre grupos. También era conocida como duelo aquella costumbre de los tiempos del *Viejo Oeste* (entre el siglo XIX y principios del XX, durante la expansión de los Estados Unidos hacia el océano Pacífico), recreada en tantas películas del género (*westerns*), en la que dos vaqueros se enfrentaban cara a cara y ganaba el más rápido en desenfundar y disparar su revólver.

Sin embargo, encontramos que también se le llama duelo *al momento de dolor que se siente tras la pérdida* (por un fallecimiento, ruptura sentimental…). El origen etimológico del término nada tiene que ver con *duellum* y el acto de retarse y, aunque también proviene del latín, se deriva de la palabra *dolus*, que significaba literalmente dolor.

Un duelo es un tipo formal de combate o justicia practicado desde el siglo XV hasta el siglo XX en las sociedades occidentales. Puede ser definido como un combate consensuado entre dos caballeros que utilizan armas mortales de acuerdo con reglas explícitas o implícitas que se respetan por el honor de los contendientes, acompañados por padrinos, quienes pueden a su vez luchar o no entre sí. En general, y especialmente durante las últimas décadas del siglo XX, el duelo fue considerado un acto ilegal en la mayoría de los países. El duelo se desarrollaba por voluntad de una de las partes, el desafiante, para lavar un insulto a su honor. El objetivo no era, en general, matar al oponente, sino lograr satisfacción, por ejemplo, restaurando el honor propio al poner en juego la vida para defenderlo.

Debe distinguirse a los duelos de las pruebas de combate, ya que los primeros no se usaron para determinar culpabilidad o inocencia, ni constituyeron procedimientos oficiales. Los duelos fueron, en cambio, generalmente ilegales, a pesar de que en la mayoría de las sociedades donde eran usuales, contaron con la aceptación.

Cultura

La cultura se refiere al conjunto de conocimientos, ideas, tradiciones y costumbres que caracterizan a un pueblo, a una clase social, o a una época. La forma y manera en que comprendemos el proceso de la muerte y, por ende, el modo de emprender el duelo está estrechamente relacionado con la cultura. Cada una presenta diferencias en cuanto a la experiencia de la muerte, algo similar al concepto individual que cada ser humano tiene, el cual se mezcla con el contexto social en el que crece y se desarrolla cada uno. Si bien hay pueblos y países que observan el final de los días con miedo, reacios a hablar del tema de la muerte, existen otros que lo celebran. Como ejemplo, cabe mencionar la fiesta del Día de los Fieles Difuntos en muchos de ellos.

Los niveles de colectivizar y la manera de enfrentarnos a la realidad buscan cumplir con dos leyes elementales que son comunes a todos los seres vivos. Estas leyes son: la supervivencia a nivel individual y a nivel social de la especie. El mundo, en general, vive ansiosamente buscando el placer de manera continua. Esta búsqueda reprime el espacio que le pertenece al sufrimiento, que es un sentimiento normal en todos los seres humanos. En cuanto aparece el sufrimiento corremos despavoridos a buscar medicamentos que nos ayuden a erradicarlo de nuestras vidas, visualizándolo como algo indeseable y anti natural que hay que hacer desaparecer cuanto antes. Estas reacciones pueden ser el producto de los avances en las ciencias médicas, ya que organizan expectativas en el sentido de que los problemas deben ser resueltos con inmediatez. Por ejemplo, cuando tomamos medicamentos tenemos expectativas de que el alivio sea inmediato. Los medios de comercialización de los diversos medicamentos cuentan con una cantidad de anuncios promocionales que prometen aliviar el dolor en el momento. Sabemos que eso no va a pasar y que todo en la vida implica un proceso. De hecho, el modelo médico nos estimula a la recuperación rápida de cualquier enfermedad. En las culturas conformadas por la industrialización, en países desarrollados, la enfermedad y la muerte se consideran enemigos. La medicina combate las causas de la enfermedad y la finalidad es sobrevivir.

La muerte es universal y ningún ser humano puede huir de ella. Por el contrario, la enfrentamos a diario, pues envejecemos a cada minuto que marca el reloj. Toda cultura asume y experimenta la muerte de diferentes formas, de acuerdo con la formación y creencias que esa sociedad en específico tenga respecto a ella y de hacia dónde va el cuerpo, si al más allá o a la eternidad.

En la mayoría de las culturas la muerte de una persona que es miembro de un grupo social se enfrenta mediante algún rito que aporte a crear consciencia de la pérdida. Los rituales son el medio, el vehículo que tenemos los seres humanos para darle sentido a la pérdida, así como la relación que se tenía con el ser amado nos permite atravesar por la experiencia, construir y expresar emociones en un escenario seguro. Este espacio de tiempo nos facilita crear nuevas memorias y activar recuerdos. Esto nos ayuda a manifestar las emociones en la esfera social y permite a los dolientes asumir los roles que desempeñaba la persona fallecida.

En la antigüedad, el suicidio era considerado adecuado en caso de que la persona experimentara dolor o sufrimiento. Una "mala muerte" pudiese ser cuando el cadáver no tenía sepultura. En los siglos del XIV al XVIII, el dolor, la agonía y el sufrimiento adquirieron un trascendental valor religioso. Tradicionalmente, el duelo ha estado mantenido por alguna fe (creencia) espiritual, lo que permite sobrellevarlo de mejor manera. La muerte ha sido una celebración para diversas culturas, que la consideran una circunstancia sublime para recibir y expresar empatía, compañía y solidaridad. Los ritos, por su parte, nos ayudan a asumir el vacío que deja en la familia y amistades la pérdida de uno de sus miembros. Los ritos y el luto nos ayudan a sobrepasar la muerte. Dentro de los ritos creamos espacios en los cuales es posible extender perdón y ser perdonados. El rito y el luto desempeñan un papel terapéutico necesario para lograr el equilibrio.

Rituales a escala mundial

En Roma, sepultar a la persona fallecida era un compromiso sagrado al que la sociedad no se negaba. Si no se cumplía con ese compromiso se condenaba a las almas a errar sin el descanso eterno. Esto creaba un escenario de peligro para los vivos, porque las almas en pena eran malignas. Una vez la muerte era evidenciada, el hijo mayor de la familia tenía la tarea de cerrar los ojos del padre llamándolo por su nombre por última vez. El cuerpo era lavado y adornado, y se le ponían vestidos de toga pretexta. Luego, era expuesto en el atrio sobre un lecho mortuorio rodeado de flores. La familia costeaba féminas que tocaban flauta e interpretaban música fúnebre. Durante la noche se formaba un cortejo fúnebre que acompañaba el cadáver fuera de la ciudad, donde era cremado. Después, se recogían los huesos en medio de las cenizas y se lavaban con vino. Los restos eran entrados en una urna que era depositada en una tumba. Nueve días después del sepelio, en la tradición católica, celebraban "la novena", es decir, un encuentro para orar y banquete fúnebre. En un principio, los ritos eran celebrados en unión de familiares y amigos. La función de las autoridades de la iglesia era limitada. El duelo se extendía por varias horas. Usualmente, la gente vestía de colores vivos: azul, verde y rojo, con la intención de honrar a la persona fallecida. A partir del siglo XIII el papel de la familia en los actos funerarios pasó a manos de los sacerdotes y las autoridades de la iglesia. Se comenzó a realizar una peregrinación solemne del séquito.

En el siglo XIX el deceso era observado como natural y un evento familiar. Comenzó a ser común la fotografía de la persona fallecida. Es decir, se les tomaban fotografías a los difuntos y eran colocadas en la casa. Como detalle sentimental para sobreponerse a la pérdida se les enviaban fotos de la persona fallecida a las amistades y familiares. En esta época se formalizó el período del duelo y surgió la cremación como opción. Es decir, comenzaron a realizarse los actos fúnebres en lo que se conocía como funeraria, donde la familia y amistades iban a dar el pésame. Se crearon normas y reglamentos relacionados con aspectos sanitarios sobre el lugar para depositar los restos. En un principio, los cementerios eran llamados parques o jardines.

Rituales en Puerto Rico

Soy nacida y criada en la isla de Puerto Rico, situada en el Caribe oriental. Es la más pequeña de las Antillas Mayores y la mayor de las Antillas Menores, con una superficie que mide alrededor de 3,435 millas cuadradas (cerca de 9,000 kilómetros cuadrados), y un tamaño de 100 x 35 millas (160 por 56 kilómetros).

A través de toda su historia, la isla de Puerto Rico ha estado expuesta al paso de huracanes que han amenazado o impactado de manera significativa. Los huracanes son fenómenos meteorológicos con vientos en forma de espiral que se desplazan sobre la superficie terrestre. Los que ocurren en el trópico se clasifican de acuerdo con la velocidad de sus vientos, en depresión tropical, menos de 38 millas por hora (mph); tormenta tropical, entre las 38 y las 73 mph, y huracán, más de 73 mph.

En situaciones habituales el duelo quebranta la cotidianidad de la familia y de sus allegados, sin embargo, puede darse en el contexto colectivo. Este fue el caso del huracán Irma, que azotó a Puerto Rico el 6 de septiembre de 2017, con vientos de una intensidad máxima de 100 millas por hora y una presión mínima de 914, lo que lo convirtió en el segundo ciclón tropical más intenso del Atlántico en el citado año. Con solo trece días de diferencia, el 19 de septiembre de 2017, Puerto Rico fue arrasado por el huracán María, con vientos de una intensidad máxima de 155 millas por hora (categoría 5). Fue mortífero y devastó a la isla. Es imposible para mí como puertorriqueña hablar de duelo y no mencionar el duelo colectivo que los huracanes Irma y María causaron en la isla. Hubo muchas muertes asociadas a estos huracanes, lo que dejó una profunda huella y un dolor que se extendió hacia todo el territorio. Como puertorriqueños, como país y como sociedad, experimentamos sentimientos de abandono, impotencia, desesperanza, así como dolor existencial. A cinco años del paso de los dos huracanes, aún seguimos sufriendo las secuelas. Diariamente, escucho a muchas personas que, al citar algún evento cotidiano, toman como punto de referencia los huracanes, es decir, que estos marcaron un antes y un después en sus vidas. Por ejemplo, si van a expresar desde cuando se sienten mal enuncian que "desde antes de María" o, por lo contrario, "justo después de María comencé a sentirme así". Ha sido una marca que hemos experimentado como sociedad, máxime porque algunas personas que perdieron a sus familiares no tuvieron la oportunidad de realizar los rituales funerarios habituales. Todo estaba inundado, no había carreteras disponibles para poder trasladarse, los sistemas de comunicación colapsaron, no tuvimos servicios de electricidad ni de agua. Ciertamente, fue una etapa sumamente difícil para nosotros como pueblo. Al día siguiente, al salir de las casas, vimos que la naturaleza estaba destruida. Puerto Rico se caracteriza por su verdor, por sus playas hermosas y por el azul de su cielo. Fue doloroso ver cómo estos fenómenos atmosféricos destruyeron lo que conocíamos desde siempre. Fue muy impactante no encontrar los árboles de pie y frondosos, como de costumbre. Ya no había ni aves, el huracán se lo llevó todo. En esos momentos enfrentamos el duelo colectivo. Se podía sentir la tristeza, ansiedad, dolor y sufrimiento de los residentes.

La Organización Mundial de la Salud (OMS) definió la palabra salud como un estado de completo bienestar físico, mental y social, no solamente referido a la ausencia de afecciones o enfermedades. En el año 2020 el mundo comenzó a enfrentar una pandemia. Esta enfermedad, conocida como Coronavirus, causa infecciones respiratorias que pueden reflejarse desde resfriados regulares hasta enfermedades graves relacionadas con el síndrome respiratorio agudo. Desde principios del año 2019 se descubrió la causa del COVID-19, que es la enfermedad infecciosa causada por el coronavirus. Se estima que esta pandemia ha ocasionado la muerte de millones de personas en todo el mundo.

Esta pandemia es otro ejemplo de duelo colectivo. La manera de vivir ha cambiado dramáticamente. Lo que antes conocíamos como rutinario dejó de serlo, pues fue necesario establecer nuevos hábitos, patrones de convivencia, socialización y relaciones, y regulaciones para practicar nuestros rituales de despedida a un ser querido. Las funerarias eran el espacio seguro donde se permitía entrar, compartir, acompañar y despedir a nuestros familiares y amistades, sin embargo, las regulaciones cambiaron debido al COVID-19. Mucha gente no ha podido dar cierre ni despedirse de los seres amados porque las nuevas reglas para evitar nuevos contagios han exigido, por ejemplo, que si alguien está en un centro de cuidados para personas de la tercera edad y fallece como consecuencia del virus o de alguna otra enfermedad, los familiares no pueden darle el último adiós, pues se les notifica la noticia mediante llamada telefónica. Tristemente, el cuerpo es enviado directamente a los institutos de ciencias forenses o entidades equivalentes de los respectivos países, donde, tras realizar la autopsia, se comunican con la casa funeraria para que proceda a recogerlo. Una vez realizado este trámite, se procede al velatorio, que era el ritual conocido, mientras que, a partir de la pandemia, solo se permiten diez familiares. Estos no pueden entrar a la vez, pues el ingreso está limitado de tres a cinco personas. Una vez ese grupo sale, puede entrar otro con igual número. Solo los familiares cercanos al fallecido pueden verlo. Es triste, ya que necesitamos cerrar capítulos en nuestra vida y tener la oportunidad de despedirnos de nuestros seres amados fallecidos, sean familiares, amistades, vecinos, compañeros de trabajo o personas con las que en algún momento de nuestra vida compartimos algún tiempo o espacio.

Algunas de estas normas se han flexibilizado, en unos países más que en otros, en la medida en que los índices de contagio han bajado. Mientras, en el plano individual, unas personas han retomado las costumbres y rituales conocidos, otras más precavidas, mantienen el distanciamiento social. Podría decirse que estamos en un momento de transición para tratar de volver a la normalidad.

Entonces, en esta temporada difícil que nos ha tocado vivir desde el 2020, ¿cómo podemos realizar rituales para despedirnos de nuestros seres amados? Algunas alternativas han sido escribir cartas, crear grupos de apoyo en aplicaciones como Whatsapp en los que participen amistades de manera virtual y que puedan exponer vivencias y recuerdos. De esta manera, se realiza un ritual y se recibe acompañamiento. Lo importante es que hagamos rituales que nos ayuden a cerrar capítulos y a comenzar otros, pues nos ayudan a darle valor al pasado enfocándonos en el presente.

Es importante recordar que cada momento de duelo viene acompañado de oportunidades de crecimiento, con procesos de aprendizaje y experiencias que nos ayudan a manejar situaciones aún más difíciles cada vez. A escala mundial luchamos diariamente con las secuelas que esa gran tragedia nos trae. Ciertamente, sabemos que la impotencia de llevar a cabo rituales funerarios influye de manera biopsicosocial y espiritual en los deudos, en este caso, en el colectivo. Lo importante es no perder la **esperanza** e identificar alternativas para darle cierre a nuestras pérdidas.

ESPACIOS INTENCIONALES

¿Cómo Jesús nos explicó los procesos de muerte?

_____

_____

_____

¿Qué Jesús estableció acerca de la muerte?

_____

_____

_____

¿Cómo Jesús experimentó la muerte?

_____

_____

_____

_____

En tu opinión, ¿qué legado piensas que Jesús nos dejó acerca de la vida?

_____

_____

_____

Escribe un versículo de la Biblia en el que el personaje mostró *Amor* incondicional hacia nosotros:

_____

_____

_____

_____

_____

_____

_____

_____

_____

_____

_____

_____

Visión de la sociedad sobre las pérdidas

La pérdida constituye un tema tabú en nuestra sociedad. Sin embargo, reconocer terminologías, sentimientos y reacciones relacionados con ella nos ayudará a asimilarla con mayor naturalidad y aceptación.

Dra. Leslie Ann Hernández Montañez

Visión de la Sociedad sobre las Pérdidas

No existe mucha literatura relacionada con la visión de la sociedad sobre las pérdidas. Lo que sí está claro es que la sociedad influye en la forma de gestionar el dolor que tienen los miembros que la integran. En muchas ocasiones la sociedad muestra que no está preparada para hacer frente a la realidad de la pérdida ni para apoyar a las personas que experimentan duelo. La pérdida sigue siendo un tabú. Sin embargo, debería ser una materia que se aborde en las escuelas desde edades preescolares. La pérdida es uno de los eventos de la vida que se puede generalizar a todos los seres humanos, ya que, sin excepción, atravesaremos por ella y en algún momento perderemos a un ser amado. Es el evento más seguro que tenemos en esta vida. Cuando en una sociedad no se habla de un tema y se experimenta temor a abordarlo usualmente los seres humanos creamos mayor resistencia. La pérdida es un tema que se evita. Sin embargo, relacionarnos con temas de pérdida, conociendo terminologías, sentimientos y reacciones nos ayudará a acercarnos a ellos con mayor naturalidad y aceptación.

Actualmente, las personas evitan hacer cualquier tipo de comentario que pueda estar relacionado con la pérdida. Las conductas comunes son de evitación, miedo y ansiedad ante el tema, pero es importante estar preparado para enfrentar las pérdidas. Las que son repentinas, es decir, que ocurren sin que la persona haya estado enferma, son más retadoras de enfrentar y, por ende, de aceptar. En tanto, cuando tenemos algún ser querido enfermo, en cama, comienza el proceso de duelo, tanto para él como para los familiares y allegados que están alrededor.

ESPACIOS INTENCIONALES

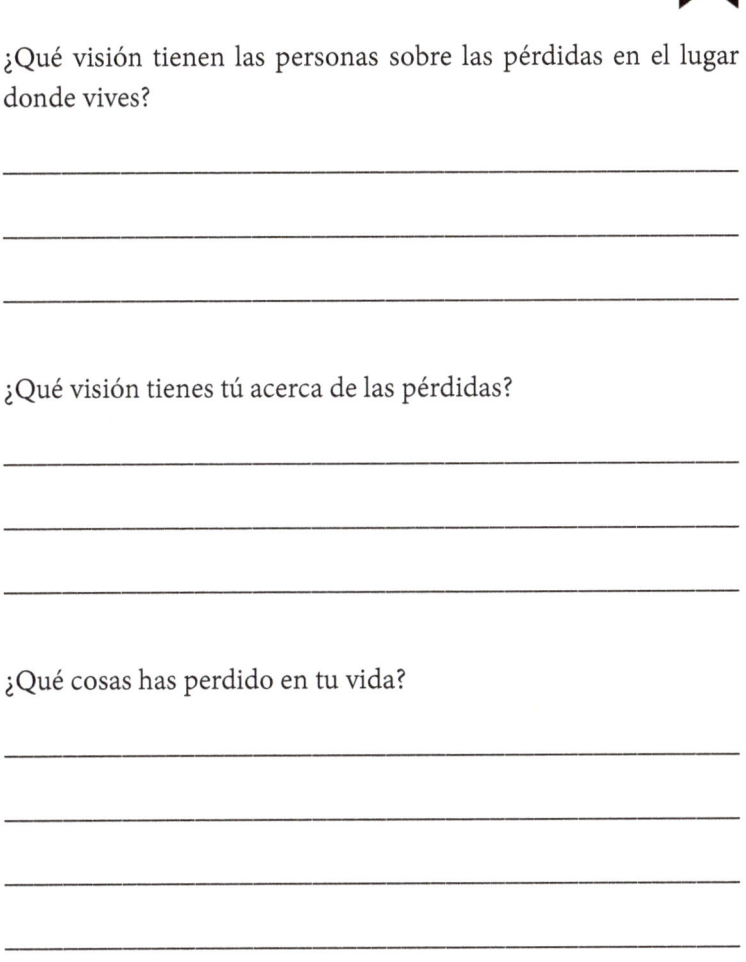

¿Qué visión tienen las personas sobre las pérdidas en el lugar donde vives?

_____

_____

_____

¿Qué visión tienes tú acerca de las pérdidas?

_____

_____

_____

¿Qué cosas has perdido en tu vida?

_____

_____

_____

_____

En tu opinión, ¿pudieras recuperar alguna de las cosas que has perdido en tu vida?

_____

_____

_____

Escribe un versículo de la Biblia en el que el personaje recibió *numerosas bendiciones:*

_____

_____

_____

_____

_____

_____

_____

_____

_____

_____

_____

AVERSIÓN HACIA LAS PÉRDIDAS

*Si miramos los cambios y las pérdidas
desde una perspectiva distinta notaremos
que nos ofrecen la oportunidad de aprender cosas nuevas y de fortalecernos.*

Dra. Leslie Ann Hernández Montañez

Aversión hacia las pérdidas

La antipatía hacia la pérdida no es otra cosa que el rechazo de nosotros, los seres humanos, a perder. En el año 1979, los psicólogos Daniel Kahneman y Amos Tversky establecieron una teoría sobre la repulsión a la pérdida, incluida como parte de la teoría prospectiva (o de las perspectivas). Sus estudios sugieren que los humanos, por naturaleza, prefieren evitar las pérdidas que obtener ganancias. En el área de economía y la teoría de la decisión, el concepto representa la fuerte tendencia de la masa a preferir evitar pérdidas monetarias antes que conseguir ganancias monetarias equivalentes. Es decir, las pérdidas pesan mucho más que las ganancias. Sus estudios sugieren que las pérdidas son valoradas psicológicamente entre 1.5 y 2.5 veces más intensamente que las ganancias. Un ejemplo concreto sería el esfuerzo realizado comúnmente por la gente para evitar perder un dólar en comparación con el que hace para ganar un dólar. Sin embargo, al hablar de seres humanos la lógica usualmente no funciona, debido a que somos seres emocionales. En muchas ocasiones, al tomar decisiones actuamos basados en nuestras emociones que instituimos a través del uso de la lógica. En el área de psicología este concepto es conocido como aversión a la pérdida o rechazo a la pérdida. Si bien el término de aversión a la pérdida es utilizado en el área de economía y la teoría de decisiones, esta nos puede complementar para entender por qué los seres humanos nos conducimos como lo hacemos en aspectos relacionados con las pérdidas. Es de conocimiento común que desde etapas tempranas en la vida de todo ser humano afronta cambios que se ven reflejados en nuestro organismo, es decir, en el cuerpo, en lo físico, en nuestro sistema familiar y en el aspecto social.

El psicoanalista estadounidense de origen alemán Erik Erikson desarrolló en la segunda mitad del siglo XX la Teoría de Desarrollo Psicosocial, cuya importancia se refuerza a través de los años. Dicha teoría ha contado con la aceptación de las diferentes vertientes psicológicas. La Teoría de Desarrollo Psicosocial marcó la base de la Psicología Evolutiva o Psicología del Ciclo Vital, que enfoca la evolución del ser humano en las diferentes etapas de la vida. No solo se concentra en establecer cómo un individuo madura física y emocionalmente en unión con las reacciones que este hecho provoca en sus actitudes y acciones, sino también en cómo se adapta al proceso de cambio constante que es la vida, dicho con otras palabras, a los cambios que se producen en el mundo y que resultan incontrolables. Al enfrentar estos cambios la vida misma nos reta a duelos de diferentes magnitudes. He conocido a muchas personas que han sufrido la adversidad de encarar pérdidas en diversos grados. Otros tantos han tenido la buena fortuna (por llamarlo de alguna manera y poder diferenciar) de perder pequeñas cosas. Lo que no podemos negar es que cada uno de estos eventos nos conduce a unir vivencias que acumuladas generan experiencias. Entonces, el duelo, examinado desde etapas tempranas del desarrollo, puede ser percibido como la respuesta a todo aquello que se nos arrebata en los planos emocional y físico, y en ocasiones en ambos. Cuando estábamos en etapas tempranas de desarrollo, esta percepción pudo haber sido el biberón (o botella en la que acostumbrábamos a tomar leche, agua o jugo), el pañito que utilizábamos para dormirnos, nuestro juguete favorito al cual estábamos acostumbrados, un compañerito que tras su mudanza de vecindario ya no lo veríamos a diario, libertad porque debíamos asistir a la escuela primaria y hasta niveles de inocencia, por mencionar algunos ejemplos. En el plano físico pudiera ser un buen ejemplo la pérdida de nuestros primeros dientes. Vemos cómo la dimensión del duelo es situada de manera individual por cada persona que atraviesa la pérdida. La extensión del duelo es relacionada con el significado del vínculo que existía con la persona, el objeto o la situación. Como seres humanos nos encariñamos o nos apegamos a todo aquello que consideramos importante. Como adquirimos antipatía hacia las pérdidas sufrimos cuando ese vínculo al cual estamos acostumbrados desaparece. Nuestra antipatía a la pérdida puede ocurrir con los sentimientos, las emociones, apegos y aun con recuerdos. En ocasiones nos apegamos a objetos o bienes y se nos dificulta deshacernos de ellos, aun estando conscientes de que no son de utilidad ni a corto ni a largo plazo. Un ejemplo de esta situación lo vemos frecuentemente en las mudanzas. Es en ese momento cuando nos percatamos de cuántos documentos y cosas, tenemos acumulados, que en la mayoría de los casos ni siquiera funcionan. En ocasiones almacenamos objetos por su valor emocional o por pena de desecharlos y aun así los conservamos sin necesitarlos. Es ineludible perder personas, cosas o situaciones. La pérdida no necesariamente tiene que ser trágica. En ocasiones perdemos personas, cosas o situaciones, porque en el transcurso la vida misma nos dirige por lugares distintos. Un ejemplo sería nuestro primer trabajo. Estoy segura de que allí conociste gente extraordinaria que se convirtió en tu familia extendida, ya que pasamos más tiempo en el lugar de trabajo que en el hogar. Entonces, con esas buenas personas perdiste contacto por situaciones normales de la vida. Es un ejemplo senci-llo, pero nos ayuda a repensar acerca de nuestra apatía hacia las pérdidas. Recuerda que lo más constante que tenemos en la vida es el cambio, pero cada uno de los que enfrentamos en nuestra vida no tiene por qué constituir una crisis. Si lo miramos desde una perspectiva distinta a las pérdidas y los cambios notaremos que nos presentan la oportunidad de aprender cosas nuevas y de fortalecernos.

Te impulso a que dejes de temerle a perder. En ocasiones se gana perdiendo y lo que no imaginamos es que las ganancias pueden ser mayores.

ESPACIOS
INTENCIONALES

¿Qué cambios has experimentado en tu vida?

_____

_____

_____

¿Qué persona, relación significativa, objeto o mascota perdiste recientemente?

_____

_____

_____

¿Cómo afectó esa pérdida tu área emocional y física?

_____

_____

_____

_____

¿Qué áreas piensas que resultaron fortalecidas luego de la pérdida?

_____

_____

_____

Escribe un versículo de la Biblia en el que el personaje atravesó su experiencia de pérdida en *PAZ*:

_____

_____

_____

¿QUÉ ES EL DUELO?

El duelo es un proceso de transformación.
Con la muerte termina una vida en la tierra,
continúa una mejor en la eternidad, la re-
lación evoluciona, no me exige olvidar; me
impulsa a amar aún más.

Dra. Leslie Ann Hernández Montañez

Al llegar a este punto, Job se levantó, se rasgó las
vestiduras, se rasuró la cabeza, y luego se dejó caer
al suelo en actitud de adoración.
Entonces dijo: Desnudo salí del vientre de mi ma-
dre, y desnudo he de partir.
El Señor ha dado; el Señor ha quitado.
¡Bendito sea el nombre del Señor!

Job 1:20-21 (NVI)

¿QUÉ ES EL DUELO?

A lo largo de la vida, todos los seres humanos hemos sufrido o sufriremos duelo en menor o mayor escala por alguna pérdida. Esta es una experiencia inevitable, sin embargo, puede representar también una oportunidad de crecimiento.

Durante miles de años los individuos han pasado por duelos, claro está, dependiendo de la época se recurría a las alternativas de ayuda disponibles para su solución. La experiencia de la pérdida siempre está presente en los humanos. Perdemos algo con cada paso que damos y a cada instante en que respiramos en este proyecto llamado vida. Nuestras pérdidas van desde personas, lugares, cosas, objetos, hasta aquellas a las que no les prestamos tanta atención. Dentro de estas últimas están la inocencia, la juventud, el cabello, nuestros sueños e ideales, que en ocasiones vemos desvanecerse día a día al encarar las duras y retadoras realidades de la vida. Cada pérdida va asistida por su propio dolor y nos vemos afectados de manera particular.

Harvey y Weber definieron la pérdida en el año 1998 como: "Cualquier daño en los recursos personales, materiales o simbólicos con los que hemos establecido un vínculo emocional". Por su parte, Alba Payas planteó: "El duelo es la respuesta natural a la pérdida de cualquier persona, cosa o valor con la que se ha construido un vínculo afectivo como tal, se trata de un proceso natural, humano; no de una enfermedad que haya que evitar o de la que haya que curarse".

La palabra duelo proviene del latín *dolus* que significa dolor. Es un proceso humano, de adaptación, natural, normal, único e individual que sigue después de cualquier pérdida. Es una vivencia personal e intransferible, dinámica, cambiante de un instante a otro y con una cronología compleja. Es inevitable, duele, permanece durante toda la vida, genera cambios, crecimientos, fortalece la fe y surge la **esperanza** en medio de él. No es estático y varía según el momento histórico de la pérdida, así como nuestra relación con la persona fallecida. Es nuestra respuesta emocional, física, cognitiva, social y espiritual ante el acontecimiento.

Algunas definiciones describen el duelo como un período de transición después de haber tenido una pérdida importante. Los primeros estudios acerca del duelo fueron realizados con personas que sufrían de enfermedades terminales. Con el tiempo, se ha observado que las personas cercanas a los enfermos también presentaban síntomas y pasaban por etapas similares de duelo. Además, existe evidencia de que estos procesos no ocurren solo cuando fallece una persona, están presentes también en otros tipos de pérdidas, como por ejemplo: separaciones, divorcios, relaciones significativas, mascotas, empleos, profesiones, propiedades, sueños, etapas de desarrollo, salud, geográficas, institucionales, de migración y por violencia doméstica, entre muchas otras.

El duelo humano es la reacción natural matizada por el entorno sociocultural, normal y esperable, de adaptación a la pérdida de un ser amado, que sufren familiares y amigos, antes, durante y después de su fallecimiento. Es una experiencia de sufrimiento total, entendiendo como tal el proceso físico, psicoemocional, sociofamiliar y espiritual por el que pasa el doliente en todos esos momentos. Esto incluye el conjunto de expresiones conductuales, emocionales, sociofamiliares y culturales del mismo.

El duelo es el proceso de adaptación que nos permite restablecer el equilibrio personal y familiar roto con la muerte del ser querido. El duelo es único e individual. No es estático, varía según la pérdida. Para algunas personas el duelo se manifiesta como una "visión túnel" en la cual el individuo está totalmente convencido de que es incapaz de salir de ese estado. Sin embargo, la realidad es que es un proceso natural de la vida y no un acto delictivo que implique una sentencia permanente. Resulta curioso que cuando se pierde a alguien muy importante, aunque es algo natural, se presupone un gran dolor y usualmente trae consigo desestructuración y desorganización. El duelo se caracteriza por la aparición de pensamientos, emociones y comportamientos causados por la muerte del ser amado. Cuando alguien significativo en nuestra vida muere, una parte de nosotros muere también, por lo que inevitablemente produce dolor. A pesar de que trae consigo mucho sufrimiento, el duelo es un proceso normal y esto nos ayuda a adaptarnos a la pérdida, es decir, nos prepara para vivir sin la presencia física de esa persona. Debemos recordar que el vínculo afectivo no se pierde, se transforma y es compatible con la realidad de la persona.

El duelo empieza mucho antes del fallecimiento. Las reacciones son similares al duelo normal, solo que ocurre antes de que acontezca la muerte. Se experimenta en casos de enfermedades en etapa terminal o con alguna que está amenazando la vida. Lo experimentan familiares y amigos, así como la persona enferma. A este tipo de duelo se le conoce como anticipado, el cual se

manifiesta drásticamente en los momentos alrededor del fallecimiento, entiéndanse horas y días.

- Duelo Agudo: continúa después como duelo temprano,
  es decir, por semanas y meses
- Duelo Intermedio: se puede extender por meses y años
- Duelo Latente: se puede reactivar en cualquier momento

La reacción al duelo se caracteriza por ser única. La muerte
forma parte de la vida misma y la separación física del ser amado, aceptar el dolor, nos convierte en humanos más fortalecidos
y maduros, ensancha nuestras experiencias de vida.

ESPACIOS INTENCIONALES

¿Cómo defines el duelo?

_____

_____

_____

¿Qué desorganización has enfrentado luego del duelo?

_____

_____

_____

¿Qué procesos de adaptación has enfrentado luego del duelo?

_____

_____

_____

_____

¿Qué experiencias de vida han salido fortalecidas luego del duelo?

_____

_____

_____

Escribe un versículo de la Biblia en el que el personaje mostró *agradecimiento* sin importar sus circunstancias:

_____

_____

_____

_____

_____

_____

_____

_____

_____

_____

_____

Perspectiva médica
del duelo

Reconocidas entidades internacionales del área de la salud mental han descrito diferentes categorías diagnósticas que permiten a los especialistas identificar la intensidad y los efectos del duelo en las personas.

Dra. Leslie Ann Hernández Montañez

Perspectiva Médica del Duelo

El *Manual diagnóstico y estadístico de los trastornos mentales*, editado por la Asociación Americana de Psiquiatría, es una obra que contiene una clasificación de los trastornos mentales y proporciona descripciones claras de las categorías diagnósticas, con el fin de que los clínicos e investigadores de las ciencias de la salud puedan diagnosticar, estudiar e intercambiar información, así como tratar los distintos trastornos. La edición vigente es la quinta, conocida como el DSM-V, y fue publicada el 18 de mayo de 2013.

Un trastorno es un patrón de comportamiento psicológico de significación clínica que, cualquiera que sea su causa, es una manifestación individual de una disfunción psicológica o biológica. Esta manifestación se considera síntoma cuando aparece asociada a un malestar (por ejemplo, el deterioro en un área de funcionamiento), un riesgo significativamente aumentado de morir, de sufrir dolor, discapacidad o pérdida de libertad. Existe evidencia científica de que los síntomas y el curso de un gran número de trastornos están influenciados por factores étnicos y culturales. No hay que olvidar que la categoría diagnóstica es solo el primer paso para el plan terapéutico adecuado. Este necesita más información que la requerida para el diagnóstico. El manual es usado por profesionales de la salud. *No se pretende que este libro sea usado por personas no adiestradas; se cita solo para añadir conocimiento.*

El 18 de mayo de 2013, la Asociación Americana de Psiquiatría presentó la más reciente versión del *Manual de diagnóstico y estadístico de los trastornos mentales* DSM-V en el que se refiere lo siguiente:

El duelo después de *dos semanas* se considera Depresión Mayor. Dentro de los indicadores resaltan los siguientes:

- Pérdida de interés en actividades
- Pérdida de apetito
- Problema de concentración
- Insomnio
- Recomienda medicación para el Duelo Normal
- Clasifica al duelo como una enfermedad

Por otra parte, la Organización Mundial de la Salud (OMS), recomienda el uso del sistema internacional denominado CIE-10, acrónimo de la Clasificación Internacional y Estadística de Enfermedades y Problemas Relacionados con la Salud, también conocida como Clasificación Internacional de Enfermedades, décima versión, cuyo uso está generalizado a escala mundial. La CIE-10 se desarrolló en el año 1992 y su propósito fue rastrear estadísticas de mortalidad. La OMS publica actualizaciones menores anuales y mayores cada tres años. La CIE-11 fue presentada en la Asamblea Mundial de la Salud en el mes de mayo de 2019 y entró en vigor el 1ro de enero de 2022. Este manual es usado por profesionales de la salud. *No se pretende que este libro sea usado por personas no adiestradas; se cita solo para añadir conocimiento.*

CLASIFICACIÓN DEL DUELO SEGÚN EL CIE-10

Duelo Normal
• Desaparición o fallecimiento de un miembro de la familia

Duelo Patológico
• Trastornos de adaptación
• Reacción depresiva prolongada (6 meses)
• Reacción mixta de ansiedad y depresión
• Con predominio de alteraciones de otras emociones
• Con predominio de alteraciones disociales
• Con alteraciones de las emociones y disociales mixtas

Como recursos de medición existen las siguientes escalas para ser utilizadas por los profesionales en la conducta humana, tales como psiquiatras, psicólogos, trabajadores sociales clínicos, consejeros, etc.

• Inventario de experiencias en duelo IED. García, Landa, Triguero, Gaminde (2001). Consta de 135 ítems.

• Inventario de Texas, revisado de duelo (ITRD). García, Landa, Trigueros, Calvo y Gaminde (2005). Consta de 21 ítems.

• Inventario de duelo complicado. Limonero, Lacasta, García y Prigerson (2009).

• Cuestionario de Riesgo de duelo complicado (CRDC). García, Landa, Grandes. Matriz Andollo (2002). Consta de 8 ítems.

ESPACIOS INTENCIONALES

La **esperanza** es una virtud. Es la fuerza y el vigor con el que nos presentamos ante determinadas situaciones. Produce efectos positivos. Mediante el estado de ánimo optimista de la **esperanza** todos los anhelos de nuestro corazón y aun aquellas metas que aspiramos alcanzar y que nos parecen imposibles, se tornan posibles. La **esperanza** presupone tener expectativas positivas relacionadas con aquello que es favorable y que está unido a nuestros deseos. Tiene la capacidad de fungir como acelerador emocional y nos ayuda a mantenernos calmados y enfocados en lo que deseamos alcanzar hasta verlo realizado. **¡Hay esperanza!**

Con este espacio intencional tienes la oportunidad de colocar tu mente en armonía y enfocarte en tu bienestar total. Ha sido creado con el propósito de proveerte la oportunidad de realizar una introspección relacionada con las metas que vas a alcanzar a corto y largo plazo. Te invito a escribir, a que actives la **esperanza** y anotes tus metas a continuación. ¡Verás que son posibles!

_____

_____

_____

_____

_____

_____

_____

Teorías de las etapas del duelo

La adversidad tiene la capacidad de activar destrezas y habilidades positivas que en estado de balance jamás hubiesen sido descubiertas.

Dra. Leslie Ann Hernández Montañez

TEORÍAS DE LAS ETAPAS DE DUELO

Muchos autores han descrito con exactitud las fases del duelo, es decir, las diferentes etapas por las que atraviesa una persona que ha sufrido una pérdida. Citaré solo cuatro con el propósito de que las conozcas y puedas hallar en cuál de ellas te encuentras.

La precursora fue la doctora Elizabeth Kübler Ross, quien fungió como acompañante en un hospital de enfermos terminales, tanto para niños como para adultos. Como parte de sus labores se dedicó a escuchar y estar accesible a todo lo que estas personas querían comunicarle. Por esta razón elaboró un esquema de las fases que recorre una persona que se enfrenta a la muerte o a la pérdida de un ser querido. Las personas atendidas manifestaron dolor, rechazo a la situación, enfado, negociación, aceptación y reconciliación durante el proceso. Al entrar en contacto con los pacientes pudo vivir una serie de experiencias que le validaron y confirmaron las Cinco Etapas de Duelo, identificadas en el año 1969, las cuales incluyo a continuación:

Negación y aislamiento

La negación es un mecanismo de defensa *transitorio* que nos permite reducir el dolor ante una noticia inesperada e impactante. Al ser una defensa momentánea, es reemplazada por una aceptación parcial. Es un rechazo consciente o inconsciente de los hechos y de la realidad, y un mecanismo de defensa de los seres humanos.

Ira

La negación es sustituida por la rabia, la envidia y el resentimiento. En esta fase surgen todos los por qué y representa un reto para los familiares, amigos y personas que rodean a quien está en duelo, debido a que la ira suele desplazarse en todas las direcciones, en bastantes ocasiones injustificadamente. La queja es una constante en esta etapa. Posteriormente, las respuestas son expresadas con lágrimas, culpa, vergüenza y dolor. Es importante que las personas que acompañan a quien ha perdido al ser querido no tomen las respuestas como algo personal. Responder a las expresiones de dolor de manera personal solo traerá más ira, dolor y hasta violencia por parte del doliente. La ira suele activarse contra todo y contra todos, se torna en dolor y lágrimas, culpa o vergüenza para aminorar (disminuir el valor o la intensidad de una cosa), en este caso, el evento de la muerte, el impacto. Como seres humanos no reaccionamos, nos paralizamos ante el evento. Si permanecemos en esta etapa pudiera resultar en detrimento, debido a que presentamos limitación al no enfrentar la pérdida y no movernos hacia adelante.

En esta fase es imposible ocultar o negar la enfermedad (de la persona que luego fallece); la muerte es inminente. Surge el dolor como respuesta emocional. Las emociones de enojo, coraje e ira hacia la persona enferma o fallecida y en ocasiones hacia uno mismo, se exteriorizan. Surgen muchas interrogantes hacia los demás y contra uno mismo. Expresiones tales como: "¿Por qué me ocurre esto a mí?", "¡es injusto!" son naturales y comunes en esta fase. Todas esas locuciones son pasajeras, pero muy necesarias debido a que, a través de ellas, se manifiesta el dolor. Reconocer y enunciar la ira aporta al proceso y nos acerca al camino de la sanación.

Negociación

Ante la tarea retadora de enfrentar la realidad de la pérdida, el enojo con el mundo en general y con el ser supremo o ser superior, surge la fase de intentar llegar a acuerdos con este último, para de esta manera superar la experiencia dolorosa de la pérdida.

La negociación es la etapa del duelo más breve. Se emplea un esfuerzo mayor para aliviar el dolor. Es un trabajo extenuante y una batalla que ocurre entre la psiquis (mente) y el cuerpo. Se emplean mecanismos de defensa para salvaguardarse del dolor. Salen a la luz el anhelo y las ansias de retornar el tiempo atrás. Aflora la fantasía versus la realidad.

Depresión

En esta fase el doliente ya no puede seguir negando la realidad. Surgen el vacío y un dolor profundo. Se comienza a aceptar la enfermedad o muerte. La persona se siente débil, hay agotamiento, miedo, incertidumbre e impaciencia. Puede presentarse pérdida de peso y está invadida por una tristeza profunda. Se experimenta incapacidad e irritabilidad ante la muerte. En esta fase la persona se condensa en el presente. Es pertinente señalar que en el proceso de duelo la depresión no es una enfermedad mental, es una reacción a la pérdida. Esta fase es importante porque es una antesala para la fase de la aceptación de la realidad. Es contraproducente tratar de animar al doliente y sugerir que mire el lado positivo de la pérdida. Es importante que se le permita expresar su dolor para que la aceptación final sea posible. Es pertinente tener apertura en el área de la comunicación verbal debido a que el doliente tiene mucho para compartir. En esta etapa se valora la transmisión de apoyo acariciando la mano o permaneciendo de manera silenciosa a su lado.

Aceptación

La aceptación no es sinónimo de una etapa feliz. El doliente que ha atravesado por las etapas anteriores y que tuvo la oportunidad de manifestar sus sentimientos tendrá mayor apertura para aceptar el porvenir con "cierta paz". En esta fase se asume y se reconoce la realidad de la pérdida. Se medita acerca del significado y sentido de la vida. Se crean nuevas experiencias de vida relacionadas con la pérdida. Se madura y se crece como ser humano. Surgen espacios para emprender nuevas metas y proyectos.

1. Ira
2. Negociación
3. Depresión
4. Aceptación

El doctor John Bowlby fue un psicoanalista pionero en la teoría del apego y del desarrollo infantil. En el año 1973 definió cuatro fases por las que atraviesa la persona a partir del momento de la muerte del ser amado en un duelo normal. Las fases son las siguientes:

Entumecimiento o aturdimiento

Ocurre desde el momento en que se tiene conocimiento del deceso. Puede durar unas horas o hasta algunos días. En esta fase se puede estar aturdido y embotado, sin capacidad de procesar la información. Existe posibilidad de experimentar anestesia sensorial y de que la persona profese que no siente nada o, simplemente, que no puede expresar dolor. Es tal la inhabilidad consciente de procesar la información, que se actúa de forma automática y, a veces, se hacen cosas que luego no se recuerdan. En este caso, es ideal expresarse de la forma más natural y espontánea posible.

Añoranza y búsqueda

Esta fase puede durar varios meses. Se caracteriza por dolor intenso y ansiedad marcada por la separación. Es posible que la ansiedad promueva el deseo de buscar y recuperar a la persona perdida. Comúnmente hay llanto incontrolado, alteraciones de los patrones del sueño, coraje ante las frustraciones y contra los supuestos responsables del evento. Este coraje puede sentirse contra el ser supremo o superior, el creador, los hombres, los médicos o el fallecido. Probablemente la persona cree ver al difunto, oírlo o sentirlo cerca, lo cual le proporciona confianza momentánea, pero luego el malestar suele agravarse.

Desorganización y desesperanza

Esta fase llega luego del encuentro con los síntomas de la segunda fase. La persona se enfrenta a la realidad. Esta etapa puede durar aproximadamente un año o un poco más. En esta etapa el doliente tiene los pies sobre la tierra, es decir, internaliza la pérdida. Siente la derrota, experimenta abatimiento y se agota. Usualmente, las energías físicas están minadas. Se comienza a reconocer la necesidad de adaptarse al hecho o, por el contrario, promueve conductas evasivas que pudiesen ser consumo de drogas, alcohol o exceso de trabajo, por nombrar algunas. En el plano emocional es frecuente tener deseos de morir, lo cual puede colaborar con la aparición de enfermedades o acrecentar las ya existentes. Son usuales las alteraciones en los patrones del sueño (aumento o pérdida), pesadillas e insomnio, agitación, pérdida o aumento de peso, agresividad y sentimientos de culpa o minusvalía.

Reorganización

Esta es la última fase de la teoría del apego. Es importante haber trabajado de manera consciente la elaboración del duelo para poder completarlas. Esta fase suele ocurrir de uno a tres años luego de ocurrida la pérdida. La persona retoma el camino de su vida, la asume y se adapta de manera consciente a su nueva realidad.

1. Entumecimiento o aturdimiento
2. Añoranza y búsqueda
3. Desorganización y desesperanza
4. Reorganización

El doctor William Worden estableció en el año 2009 la Teoría de Cuatro Tareas de Duelo. Según su perspectiva, no establece fases o etapas, sino que más bien crea y define tareas que la persona debe efectuar o cumplir para poder resolver su duelo y salir airosa de la experiencia dolorosa. Las tareas establecidas son las siguientes:

Tareas

Aceptar la realidad de la pérdida

Debe reconocer la pérdida en todos sus aspectos a nivel emocional y aceptar su irreversibilidad, en el plano afectivo.

Trabajar con las emociones y el dolor de la pérdida

Debe liberar las emociones y manifestar todos los sentimientos que se experimentan en el duelo.

Adaptarse a un entorno en el que la persona está ausente

Debe desarrollar nuevas destrezas y habilidades, esto es posible construyendo aspectos del mundo interior dañados o que, por el contrario, necesitan ser fortalecidos.

Recolocar emocionalmente a la persona ausente y continuar viviendo

Debe transformar la energía emocional invertida en el fallecido en otras relaciones o intereses. Exponerse con apertura hacia nuevas opciones en la vida.

CARACTERÍSTICAS DEL DUELO DE JESÚS

Negociación

La Biblia relata en Marcos 14:35: Jesús se alejó un poco de ellos, se arrodilló y oró a Dios: "¡Padre!, ¡papá!, si fuera posible, no me dejes sufrir. Para ti todo es posible. ¡Cómo deseo que me libres de este sufrimiento! Pero que no suceda lo que yo quiero, sino lo que quieras tú".

En el momento más crítico de su vida, Jesús intentó negociar con el padre. Le pidió que si fuera posible, no lo dejara sufrir. Su deseo más íntimo era ser librado del dolor emocional, social, espiritual y físico. Este dolor emocional tenía la capacidad de hacerlo sentir triste, temeroso, deprimido y ansioso. Le manifestó al padre: "¡Cómo deseo que me libres de este sufrimiento!". Hay una gran lección en este versículo de la Biblia. Nos ejemplifica que se permite dejar salir nuestras emociones. Al igual que Jesús, tenemos la oportunidad de verbalizar cómo nos sentimos. Podemos acudir al Padre manifestándole nuestros sentimientos y los deseos más profundos de nuestro corazón. Los momentos de dolor, angustias y pérdidas tienen la habilidad de oscurecer nuestros pensamientos. Sin embargo, en el modelo de Jesús tenemos la mejor guía a seguir. Jesús, luego de expresar lo que hubiese querido que ocurriera manifestó: "Pero que no suceda lo que yo quiero, sino lo que quieras tú". Rendimiento total y absoluto. ¡Qué admirable! Jesús sabía y reconoció que había un propósito en todo lo que estaba ocurriendo y en lo que estaba experimentando. Descansó en la majestuosidad de Dios. ¿Sabes?, los planes de Dios siempre, siempre, son perfectos. Son maravillosos y mejores que los que nosotros podemos tener. ¿Cuándo fue la última vez que negociaste con el padre? ¿Cuál fue el resultado? ¿Obtuviste tus deseos? ¿Sabes?, en ocasiones negociamos con el padre diciéndole: "Te entrego todo lo que tengo, menos esta área de mi vida". Entregar todo es entregar todo, sin excepción. Ese puede ser uno de los motivos por lo cual no ha funcionado. Te exhorto a que le permitas a Dios que sea él quien dirija tu vida. Aunque tus planes como humano sean otros, ríndete ante ÉL y descansa en la confianza de que sus planes te van a conducir a delicados pastos que te harán descansar. Esto es posible porque en Jeremías 29:11-13 nos recuerda: "Porque yo sé muy bien los planes que tengo para ustedes, afirma el Señor, planes de bienestar y no de calamidad, a fin de darles un futuro y una esperanza. Entonces, ustedes me invocarán, y vendrán a suplicarme, y yo los escucharé. Me buscarán y me encontrarán cuando me busquen de todo corazón".

Depresión

La Biblia relata en Marcos 14:32-34: "Fueron a un lugar llamado Getsemaní, y Jesús les dijo a sus discípulos: Siéntense aquí, mientras yo oro. Se llevó a Pedro, a Jacobo y a Juan, y comenzó a sentir temor y tristeza. Es tal la angustia que me invade que me siento morir, les dijo. Quédense aquí y vigilen".

Debe generarte tranquilidad saber que Jesús conoce por lo que estás pasando. No hay duda de que sabe muy bien cómo te sientes. Comprende lo que estás experimentando. Si hay alguien que conoce lo que es la depresión es Jesús. ÉL conoce exactamente los síntomas físicos y emocionales, ¡los experimentó! La Biblia relata que Jesús comenzó a sentir temor y tristeza. Sintió el miedo que se experimenta al considerar que algo perjudicial o negativo va a ocurrir. Sabía que se estaba acercando el momento. Describió la angustia (emocional) que lo invadía, tan intensa que sentía que se moría (físico). La angustia es un estado de intranquilidad o inquietud muy agudo causado especialmente por algo desagradable o por la amenaza de una desgracia o peligro.

En el transcurso de la vida tenemos experiencias fuertes al extremo de que en ocasiones nos sentimos morir. A veces, no sabemos qué decir, qué hacer y ni siquiera qué sentir. Es la mejor oportunidad para acercarnos a Dios, con un corazón sincero y con todo lo que tenemos. En muchas ocasiones lo único que tenemos es temor y tristeza; no importa, allégate a ÉL con lo que tengas y como te sientas. Hay buenas noticias, ¡ÉL conoce exactamente lo que estás experimentando! Puedes repetir el Salmo 139:23: "Examíname, oh, Dios, y conoce mi corazón; pruébame y conoce los pensamientos que me inquietan. ¡Estoy en tus manos, haz como quieras!".

Aceptación

La Real Academia define la palabra *rendirse* como someterse al dominio o voluntad de alguien o algo, dejando de oponer resistencia, fatigarse mucho o quedarse sin fuerzas. Una de las peculiaridades de los momentos de temor y tristeza es que consumen toda nuestra energía.

La Biblia nos muestra que Jesús creció en rendición. Estuvo rendido al padre toda su vida. Siempre se sometió al dominio y la voluntad del padre. Conocía que iba a ser crucificado y que cargaría con los pecados del mundo entero. Esto requería de un proceso doloroso y angustioso. Sin embargo, aceptó. Eso fue lo que Jesús hizo. Entregó su vida totalmente al padre hasta la muerte. En la sombra de muerte le dijo al padre: "¡Lo que tú quieras! Que no se haga mi voluntad, que se haga tu voluntad". En la rendición hay confianza plena.

No es posible recibir la bendición de Dios completa si seguimos apegados a cosas ante las que nos debemos rendir. En ocasiones necesitamos rendirnos ante áreas de nuestra vida que pudieran ser del plano emocional. Pero cuando hacemos que se rinda lo que tenemos y lo que somos ante ÉL, todo cae en su lugar. ¡En Dios hay perfección! A veces, tenemos que dejar ir personas, aunque nos duela. Hay personas que deben irse para que otras puedan entrar. Si no se van personas no hay espacio para que otras entren. Cuando nos rendimos recibimos abundancia. Rendirse trae beneficios positivos a nuestra vida. ¡Rendirse y aceptar nos bendice!

Someterme al dominio y voluntad de Dios es la mejor decisión que he tomado en toda mi vida. He visto que rendirme ante su presencia consume menos energías de las que suponía. ÉL sabe lo que más me conviene, por lo que camino confiada en que todo lo que me ocurre es para mi bien. No tengo dudas. Cada mañana en mi reflexión diaria me rindo a Dios, abro las puertas de mi corazón de par en par para que entre y arregle todo lo que tenga que arreglar. No siempre entiendo las cosas que ocurren, pero estoy segura de que son para mi bienestar. Aún estoy a la espera de que ocurran milagros y eventos en mi vida como producto de mi pérdida, pero continúo esperando sin desmayar, sabiendo que en el momento perfecto llegarán. Es necesario que esté preparada porque confío en que cuando menos lo espere mi promesa será contestada. ¡Debo estar lista!

Te regalo el siguiente versículo que se encuentra en Nehemías 9:6: "¡Solo tú eres el Señor! Tú has hecho los cielos, y los cielos de los cielos con todas sus estrellas. Tú le das vida a todo lo creado: la tierra y el mar con todo lo que hay en ellos. ¡Por eso te adoran los ejércitos del cielo!".

Componentes que intervienen en un duelo

Las etapas y los componentes que intervienen en un duelo dependen en gran medida de la persona que lo esté atravesando y de la entereza con la que se enfrenta el proceso. Cuando un sistema muere; nace otro.

Dra. Leslie Ann Hernández Montañez

COMPONENTES QUE INTERVIENEN EN UN DUELO

¿Cuáles factores inciden en el proceso?

Dependiendo de cómo se presenten los diversos componentes, se determinará la manera en que se desarrollará el proceso del duelo. La mayoría de los elementos tienen dos extremos, unos son beneficiosos, mientras que otros pueden ser perjudiciales. Las etapas y los componentes que intervienen en un duelo dependen en gran medida de la persona que lo esté atravesando y de la disposición o proceder con que se enfrente el proceso. Dentro de los componentes que intervienen en un duelo se encuentran los siguientes: elementos del evento, elementos personales y elementos ambientales.

Los elementos del evento se refieren a cómo ocurrió la pérdida. En ocasiones, tenemos familiares o amistades que sufren de alguna enfermedad. Aunque es impredecible nuestra reacción ante la pérdida, existen indicios que nos pueden anunciar que esta se acerca. Si tenemos un familiar de edad avanzada, con la salud comprometida y con un deterioro progresivo, podemos inferir que pronto morirá. Esto es un ejemplo de elemento del evento.

Lo contrario ocurre con las pérdidas repentinas, como las que se producen a consecuencia de accidentes automovilísticos o enfermedades fulminantes, como los infartos. En estos casos no se esperaba que hubiese surgido una pérdida.

Los elementos personales se refieren a situaciones específicas por las que estaba atravesando el individuo cuando ocurrió la pérdida. Existen personas que, en ese momento, lidiaban con dificultades particulares que no les permitieron prestar la atención (cantidad de tiempo) que hubiesen querido al ser que partió. Un ejemplo pudieran ser conflictos en el escenario laboral que amenazan la estabilidad económica.

Los elementos ambientales se pudieran ver cuando nace un miembro en la familia. Se espera que los recién nacidos lleguen al mundo saludables y que estén llenos de vida, sin embargo, cuando no es así, pudiera tratarse de un elemento ambiental.

DUELO NORMAL

*El ser humano no es una cosa más entre otras
cosas; las cosas se determinan las unas a las
otras; pero el hombre, en última instancia, es su
propio determinante. Lo que llegue a ser
-dentro de los límites de sus facultades y de
su entorno- lo tiene que hacer por sí mismo.*

Viktor Frankl

DUELO NORMAL

Manifestaciones normales del duelo

En el duelo se puede presentar una gama amplia de manifestaciones que se encuentran dentro de los límites normales. Estas pueden ser a nivel físico, conductual, cognitivo y afectivo. Dentro de las físicas podemos encontrar pérdida del apetito, alteraciones en los patrones del sueño, pérdida de energía, agotamiento, así como quejas de tipo somático. Dentro de las conductuales se encuentran el llanto, agitación, cansancio y aislamiento. Dentro de las cognitivas pueden aparecer baja autoestima, pensamientos obsesivos acerca del fallecido, sentimientos de culpa o de desesperanza, sensación de indefensión y dificultades de la memoria y concentración. Dentro de las afectivas podemos encontrar tristeza, soledad, ansiedad, hostilidad y desesperación.

Existen buenas noticias, ¡la mayoría de las personas se sobreponen a las pérdidas! Una gran mayoría de los seres humanos enfrentan de forma efectiva el duelo e inclusive algunas se crecen en la adversidad, creando lo que llamamos resiliencia. Esta se centra en las capacidades, valores y atributos positivos de los seres humanos para enfrentar las adversidades y reponerse del dolor. De esta manera, logran adaptarse bien a las tragedias, los traumas y las amenazas, así como al estrés severo. (Más adelante se dedica un capítulo al término de resiliencia).

Esta tabla te provee la oportunidad de identificar algunos sentimientos, sensaciones físicas, conductas y pensamientos que pudieses estar experimentando en tu proceso de duelo.

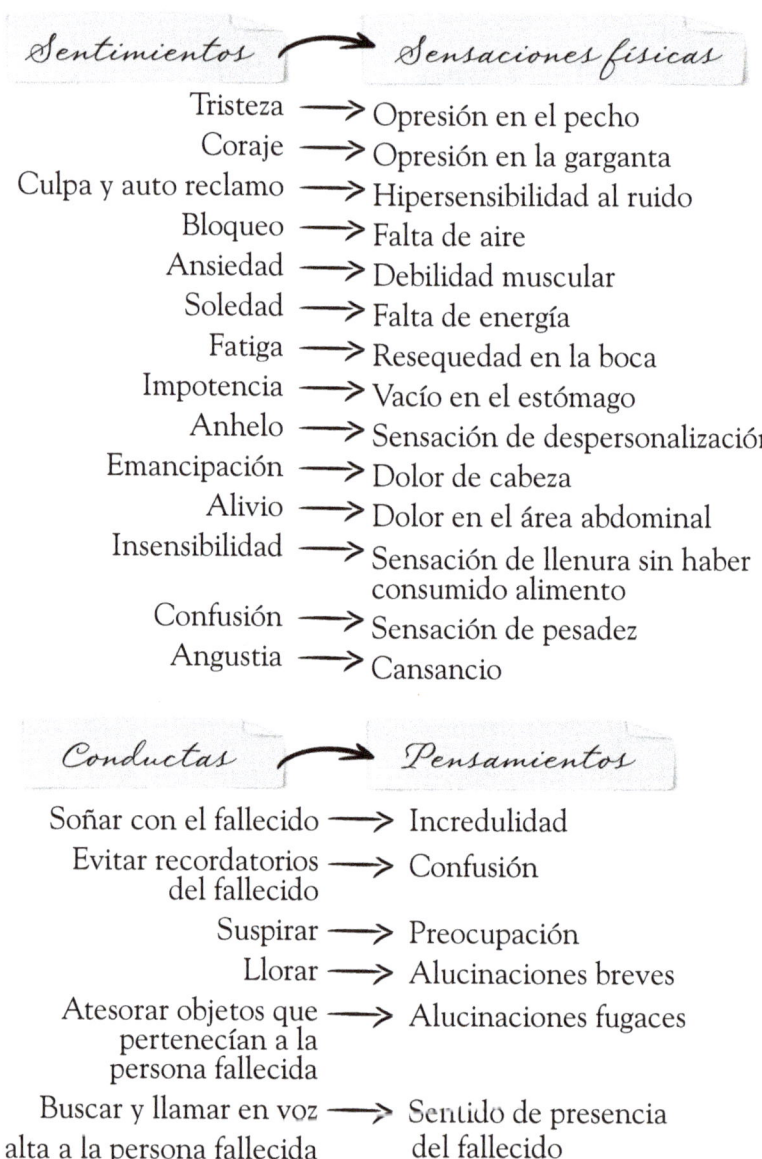

Sentimientos → *Sensaciones físicas*

Tristeza → Opresión en el pecho

Coraje → Opresión en la garganta

Culpa y auto reclamo → Hipersensibilidad al ruido

Bloqueo → Falta de aire

Ansiedad → Debilidad muscular

Soledad → Falta de energía

Fatiga → Resequedad en la boca

Impotencia → Vacío en el estómago

Anhelo → Sensación de despersonalización

Emancipación → Dolor de cabeza

Alivio → Dolor en el área abdominal

Insensibilidad → Sensación de llenura sin haber consumido alimento

Confusión → Sensación de pesadez

Angustia → Cansancio

Conductas → *Pensamientos*

Soñar con el fallecido → Incredulidad

Evitar recordatorios del fallecido → Confusión

Suspirar → Preocupación

Llorar → Alucinaciones breves

Atesorar objetos que pertenecían a la persona fallecida → Alucinaciones fugaces

Buscar y llamar en voz alta a la persona fallecida → Sentido de presencia del fallecido

Espacios
intencionales

En esta tabla se provee espacio con el propósito de que puedas añadir los sentimientos, sensaciones físicas, conductas y pensamientos que estás experimentando en tu proceso de duelo. El propósito del ejercicio es crear consciencia acerca de esas emociones e identificar cuáles se pueden modificar para avanzar en el proceso.

SENTIMIENTOS	SENSACIONES FÍSICAS

CONDUCTAS	PENSAMIENTOS

Duelo
Complicado

*El tipo de personalidad, el historial
de vida, las experiencias relacionadas
con pérdidas, así como los estresores
presentes, son factores determinantes
en la manera de manifestar el duelo e
impactan en la evolución final.*

Dra. Leslie Ann Hernández Montañez

DUELO COMPLICADO

Manifestaciones del duelo complicado

El duelo humano no es una enfermedad, pero es la respuesta a un acontecimiento vital estresante de primera magnitud, por ejemplo, la muerte de un hijo o del cónyuge, que son consideradas las situaciones más impactantes por las que puede atravesar una persona.

El tipo de personalidad, el historial de vida, las experiencias relacionadas con pérdidas y el momento trascendental que la persona esté viviendo son factores determinantes en la forma de manifestar el duelo y, por ende, en su evolución final.

Se considera el duelo complicado como una reacción de pobre adaptación a la pérdida, que puede manifestarse como un trastorno por duelo prolongado, depresión, ansiedad o deterioro en la salud física. El riesgo de experimentar un duelo complicado se refiere al grado de susceptibilidad que tiene el doliente de padecer problemas de salud asociados al duelo (mencionados anteriormente).

El trastorno persistente de duelo complicado se encuentra dentro de aquellos relacionados con Trauma y Estresores, en la categoría de Otros Trastornos Especificados Relacionados con Trauma y Estresores.

Esta categoría diagnóstica aplica a manifestaciones clínicas en las cuales las sintomatologías son características de un trastorno relacionado con el área de Trauma y Estresores. En la descripción provocan perturbación clínicamente significativa o disfunción en las áreas ocupacionales, sociales y otras importantes de funcionamiento. Sin embargo, los síntomas no cumplen con el criterio completo de ninguno de los otros trastornos relacionados con Trauma y Estresores, por lo que este diagnóstico requiere de mayor investigación.

Las personas que presentan el cuadro de Trastorno Persistente de Duelo Complicado (TPDC) están incapacitadas por la pena, enfocados en la pérdida con poco o ningún interés en otras relaciones o en actividades.

Desarrollo y evolución

Usualmente, los síntomas que acompañan al duelo aparecen durante el primer mes posterior al fallecimiento del ser amado. En otros casos, puede aparecer varios meses antes de que se manifiesten los síntomas.

El duelo puede producirse a cualquier edad. En casos de infantes el disturbio puede ser expresado mediante experiencias de juego, así como con conductas observables. Es posible que se experimenten retrocesos, por ejemplo, que una niña que ya había pasado la etapa de utilizar la botella para alimentarse, la pida nuevamente. Otro ejemplo pudiesen ser imitaciones en el área verbal. También, el comportamiento agresivo y ansioso en momentos de separación o reunión con figuras significativas de apego (vínculo emocional). Los estudios reflejan que la emoción dominante en la población de niños es la angustia de separación con las figuras significativas.

Dentro de los criterios figuran los siguientes:

CRITERIO A *(es específico)*

El duelo se debe a la muerte de una persona con la que se ha tenido una relación cercana. No examina los duelos por ruptura de relaciones afectivas significativas u otras, por ejemplo, salud o trabajo.

CRITERIO B

En este criterio se señala que los dolientes presentan por lo menos uno de los siguientes síntomas, casi todos los días y de manera importante: nostalgia o anhelo por el fallecido, preocupación por él o ella, con cuestionamientos como "¿estará en el cielo?", "¿habrá encontrado el descanso eterno?". Se experimentan dolor emocional y pena intensa en respuesta a la muerte y preocupación por la forma en la que falleció la persona.

La duración de estos síntomas deberá ser menor de doce (12) meses, al menos en los niños.

CRITERIO C

En este criterio existe una marcada dificultad para aceptar la muerte, incredulidad o embotamiento emocional referente a la pérdida, enojo o amargura relacionadas con la muerte, dificultad para encontrar recuerdos agradables del fallecido, y culpa por la sensación de no haber hecho lo suficiente por él, lo que arrastra en ocasiones la disminución del concepto propio, es decir, al conjunto de características que conforman la imagen que la persona tiene de sí misma (autoestima). En este proceso se incluyen aspectos físicos, emocionales, intelectuales y sociales.

Es posible que estén presentes elementos de evitación de recuerdos del fallecido, deseos de morir, sentimientos de soledad, aislamiento y pensamientos en el sentido de que no es posible vivir sin la persona. Se pueden presentar disminución en el sentido de identidad, desconfianza en los demás e inhabilidad para hablar de intereses o planes a largo plazo.

CRITERIO D

En este criterio la perturbación provoca sufrimiento emocional clínicamente significativo e incapacidad en áreas de la esfera social. Como resultado, las relaciones familiares y sociales se ven afectadas. También se afectan la productividad, creatividad y concentración.

CRITERIO E

Este criterio se cumple solo si la reacción del duelo es inconsistente y desproporcionada con relación a las normas culturales, religiosas o apropiadas para la edad del doliente.

MANEJANDO EL DUELO

El proceso del duelo es una vivencia única que requiere ser expresada.

Dra. Leslie Ann Hernández Montañez

Manejando el duelo

Los nueve escalones intencionales

Es mi deseo que los nueve escalones intencionales estén reflejados por unas escaleras hermosas basadas en Jesús. La idea es que cada escalón nos recuerde que ÉL es nuestra roca y refugio, por lo que tenemos la seguridad de que no resbalaremos, de que estamos cobijados por ese escudo alrededor de nosotros que nos recuerda que ÉL es nuestra gloria y el que levanta nuestra cabeza. Me siento segura pisando cada escalón intencional, pues sé quién está a mi lado afirmando mis pasos. Subir cada escalón me recuerda que ÉL me toma de la mano derecha y me ayuda.

Los nueve escalones intencionales están creados para evolucionar, desde el momento en que experimentamos la pérdida, hasta recuperar nuestro balance. Los escalones proponen pasos, medidas y peldaños que debemos alcanzar para llegar al próximo nivel que queremos alcanzar. Realizar una tarea de manera intencional requiere voluntad de nuestra parte. El primer desafío que encontramos es decirnos a nosotros mismos de manera intencional y con propósito *que tenemos la voluntad de recuperarnos y que vamos a trabajar en favor de ello*. Es necesario reconocer los pensamientos limitantes y reemplazarlos por pensamientos positivos, por ejemplo: "Voy a recuperarme", "¡todo lo puedo en Cristo que me fortalece!" (Filipenses 4:13, NBLA).

Los nueve escalones intencionales son un acrónimo. Tienen su raíz en la *esperanza*. La Biblia nos enseña: "Y no solo en esto, sino también en nuestros sufrimientos, porque sabemos que el sufrimiento produce perseverancia, la perseverancia, entereza de carácter, la entereza de carácter, esperanza. Y esta esperanza no nos defrauda, porque Dios ha derramado su amor en nuestro corazón por el Espíritu Santo que nos ha dado". (Romanos 5:5-5, NVI).

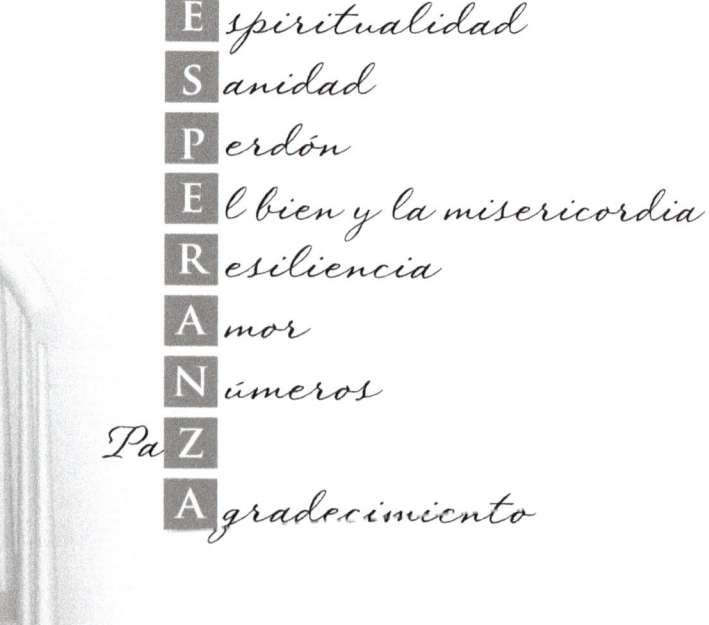

E spiritualidad
S anidad
P erdón
E l bien y la misericordia
R esiliencia
A mor
N úmeros
Pa Z
A gradecimiento

Cada inicio de la letra tiene una *fortaleza* y una virtud que debes obtener para poder alcanzar la siguiente. Puedes moverte libremente de una fortaleza a la otra, es decir, hacia adelante y hacia atrás, siempre te hará bien. Saca ventaja de cada caída. Utiliza cada escalón de manera intencional como apoyo para subir de nivel, esto te recuerda que en tus debilidades eres resiliente.

Escalón intencional "espiritualidad"

Este escalón intencional tiene un significado especial para mí. No solo porque es el primero, sino porque es la base que me mantuvo de pie. Si no hubiese tenido presente y desarrollado en mí el aspecto de la espiritualidad, solo Dios sabe cuál hubiese sido el desenlace. ¿Sabes?, la mente es traicionera y es justo cuando atravesamos por momentos difíciles que se nubla y nos imposibilita ver más allá de nuestro dolor. El valor de la espiritualidad es esa conexión directa que te guía a hacer lo correcto, aun sin quererlo ni planificarlo. La protección de este valor me brindó la paz necesaria para tenerme paciencia, aun sin planificarlo, sin saber que la estaba teniendo. Bien profundo en mi corazón el valor de la espiritualidad me forzó a tener la certeza de que todo iba a estar bien, de que ese momento doloroso iba a pasar a ser una experiencia de vida más. Doy gracias a Dios porque en medio de mi debilidad la espiritualidad me hizo fuerte y logré pasar la adversidad. Te invito a que cultives el valor de la espiritualidad, ¡es incalculable! Cuando se atraviesa por una pérdida una de las áreas que más se ve afectada es el aspecto espiritual, ¿por qué? porque nos reclamamos a nosotros mismos y nos atrevemos a reclamarle al ser supremo inquiriendo una respuesta inmediata. Irónicamente, el valor de la espiritualidad debería ser el que más busquemos, porque, aunque siempre nos hace falta integrar y tener en nuestra vida el aspecto espiritual, hay momentos en que es imprescindible. Sin embargo, como seres humanos tendemos a adjudicar responsabilidades a personas, cosas, momentos

155

y lugares, entre otros. Hoy puedo decir que la espiritualidad fue ese valor, ese peldaño que me mantuvo de pie, que me mantuvo cuerda. Fue un escudo de protección que no me permitió realizar actos de los que más tarde me hubiese arrepentido completamente, pero cuando ya fuera demasiado tarde para arreglar lo dañado.

Espiritualidad es una palabra que se deriva del griego y que está compuesta por la voz *spiritus*, que significa "respiro", *-alis,* que alude a "lo relativo a", y el sufijo *dad,* que indica cualidad, por lo tanto, etimológicamente, espiritualidad es todo lo relativo a la cualidad de lo espiritual o espíritu.

La vida espiritual es lo que diferencia a los seres humanos de otros seres vivos. Algunas personas confunden el término espiritualidad con religión. La espiritualidad humana es definida como la conciencia de una parte de nosotros que no se manifiesta materialmente y que está ligada a algo superior. La espiritualidad es un valor positivo y superior. Es una cualidad que determina usualmente un comportamiento acorde con los valores éticos que nos ayudan al desarrollo individual.

Todos los seres humanos tenemos necesidades espirituales. ¿Cuáles pudieran ser? En ocasiones nos realizamos preguntas a nosotros mismos, por ejemplo: ¿Cuál es mi propósito en este mundo? ¿Qué debo hacer con mi vida? ¿Estoy viviendo de una manera correcta? Trabajar en favor de alcanzar nuestro crecimiento personal para ser mejores seres humanos para los demás y para nosotros es parte de la espiritualidad. Esta está ligada con la trascendencia, el sentido y los valores de la persona.

El mejor modelo de espiritualidad lo tenemos en Jesús. Antes de comprender un concepto o una idea hay que conocerla, por lo que es relevante que sepamos lo que él quiere para nuestra vida. Jesús es y ha sido nuestro modelo de vida siempre. Nos exhortó a dejarnos conducir por el Espíritu Santo, que es la fuerza activa de Dios. Esto es importante, porque el espíritu de Dios tiene el poder y la autoridad de transformar la mente de las personas para que nos asemejemos a la de Jesús. En Romanos 12:2 nos exhorta: "No vivan ya según los criterios del tiempo presente; al contrario, cambien su manera de pensar para que así cambie su manera de vivir y lleguen a conocer la voluntad de Dios, es decir, lo que es bueno, lo que es grato, lo que es perfecto".

Cuando cultivamos nuestra espiritualidad le damos sentido a nuestra vida y tenemos la convicción de que estamos haciendo lo correcto. Por eso, la espiritualidad influye en todos los ámbitos de la vida humana. Estas facetas involucran el nivel biopsicosocial y espiritual. Es decir, los planos físico, psicológico, social y espiritual.

Una persona espiritual es consciente de su propia identidad. No importan las etiquetas que te hayan puesto en este mundo. No importa cuántas veces te hayan dejado caer. No importa quién te haya traicionado. No importa lo que hayan dicho de ti. Quítate esas etiquetas. Eso no te define. Tu verdadero valor está en Dios. Lo que debes conocer e internalizar es cómo Dios te ve, ese es el único aspecto importante. En 1ra de Pedro 2:9-10 (NVI) se establece la manera como Dios nos ve y lo que significamos para ÉL. Nos describe como: linaje escogido, real sacerdocio, nación santa, pueblo que pertenece a Dios, para que proclamen las obras maravillosas de aquel que nos llamó de las tinieblas a su luz admirable. Ustedes antes ni siquiera eran pueblo, pero ahora son pueblo de Dios; antes no habían recibido misericordia, pero ahora ya la han recibido. ¡Qué maravilloso! ¡Qué alegría conocer cómo Dios me ve! Ese es realmente mi significado. Me brinda tranquilidad saber que puedo establecer una relación con alguien (Dios) que tiene un alto concepto de mí, de lo que soy y de las cosas que puedo alcanzar caminando tomada de su mano.

Una persona espiritual es consciente de su asignación en este mundo y conoce que fuimos creados por Dios para darle gloria. Nuestro rol en este mundo es glorificarlo. ¿Cómo podemos hacerlo? Con la manera en que llevamos nuestras vidas, la forma en que extendemos ayuda a otros en momentos de dificultad. También, con el modo en que nos relacionamos con ÉL y le buscamos diariamente. La Biblia registra en Salmos 100:2-4 (NVI): "Adoren al Señor con regocijo. Preséntense ante ÉL con cánticos de júbilo. Reconozcan que el Señor es Dios; ÉL nos hizo, y somos suyos. Somos su pueblo, ovejas de su prado. Entren por sus puertas con acción de gracias; vengan a sus atrios con himnos de alabanza; denle gracias, alaben su nombre".

Con este peldaño intencionalmente recordamos que mediante la espiritualidad podemos tomar acciones que nos conduzcan a alcanzar propósitos alineados con los valores que están asociados a una vida de bienestar con propósito.

Escalón intencional "sanidad"

La Biblia registra en el capítulo de Hebreos 11:1, en su versión Nueva Versión Internacional, lo siguiente: "Ahora bien, la FE es la garantía de lo que se espera, la certeza de lo que no se ve".

Desde mis años de infancia recuerdo haberme sentido atraída por las lecturas de las diferentes historias que aparecen en la Biblia. Viene a mi memoria que al asistir a la iglesia en la escuela dominical la maestra las relataba en un lenguaje sencillo, de manera que pudiéramos entender. Era normal terminar dibujando y pintando ilustraciones que luego, al entrar al templo, yo le mostraba a mi mamá con mucha alegría y orgullo. Ella siempre me reforzaba, validaba y expresaba que estaban muy bonitas y coloridas, entre otras palabras dulces. Ese suceso se repetía cada domingo, por lo que se convirtió en uno de mis días favoritos.

Recuerdo que un día la maestra habló acerca de la historia del libro de Daniel, capítulo 3, *El horno en llamas*. La Biblia relata que el rey Nabucodonosor mandó a hacer una estatua de oro, de veintisiete metros de alto por dos metros y medio de ancho y ordenó que la colocaran en los llanos de Dura, en la provincia de Babilonia. Dispuso que todos los seres vivientes de la provincia asistieran a la dedicación de la estatua y que tan pronto escucharan el sonido de la música se inclinaran y la adoraran. Dictaminó también que todo aquel que no lo hiciera, inmediatamente fuera arrojado a un horno ardiente en llamas. Todos los pueblos y las naciones se inclinaron. Sin embargo, tres judíos que tenían posiciones en la provincia de Babilonia se negaron a acatar las órdenes del rey. Se trataba de Sadrac, Mesac y Abednego. Inmediatamente, fueron llamados ante la presencia del rey y este los enfrentó cuestionando por qué no habían adorado la estatua. Aun así, el rey les extendió una oportunidad para que se inclinaran, advirtiéndoles las consecuencias de no hacerlo. Los tres jóvenes le respondieron que no hacía falta defenderse y que, si los arrojaba al horno en llamas, el Dios al que le servían podría librarlos. Sin embargo, les manifestaron que, si no lo hacían así, no honrarían a sus dioses, ni mucho menos adorarían la estatua. El rey se puso muy furioso. Como represalia, mandó a calentar el horno siete veces más de lo normal. A su vez, seleccionó los soldados más fuertes de su ejército para que ataran de pies y manos a los jóvenes, con sus mantos, sandalias y turbantes, y que los arrojaran con todo al horno. Este estaba tan caliente que los soldados que arrojaron a los tres varones fueron alcanzados por las llamas y murieron.

La Biblia registra que, en ese momento, el rey Nabucodonosor se puso de pie y, sorprendido, les preguntó a sus consejeros si acaso no eran tres los hombres que fueron atados y arrojados al fuego. Los soldados respondieron afirmativamente. El rey exclamó: "Pues miren, allí en el fuego veo a cuatro hombres sin ataduras y sin daño alguno y el cuarto tiene la apariencia de un dios".

Imagínese si ese versículo fue tan influyente en mi vida que todavía lo recuerdo y, mejor aún, si cierro mis ojos claramente puedo ver el dibujo que coloreé hace muchos años. Este versículo de la Biblia es el vivo ejemplo del significado de la FE. Aunque a medida que fui creciendo y desarrollándome escuché el versículo en innumerables ocasiones, es ahora cuando cobra mayor relevancia en mi vida. Hoy comprendo que no hay duda de que Dios puede librarnos de las situaciones dolorosas de la vida. No hay duda de que Él es soberano y obra como quiere. Si viene a tu mente la pregunta, ¿pero por qué razón Dios, que puede librarnos del dolor de la pérdida, no lo hace y, sin embargo, permite que atravesemos por ella? He llegado a la conclusión de que es sencillo. Él no nos promete que no vamos a tener aflicción ni sufrimientos. Incluso, la Biblia registra en Juan 16:33 (NVI): "Les he dicho todo lo anterior para que en mí tengan paz. Aquí en el mundo tendrán muchas pruebas y tristezas; pero anímense, porque yo he vencido al mundo". Qué buena decisión la de Dios de adelantarnos que vamos a atravesar por pruebas y momentos de tristeza, pero qué maravilla que nos exhorta a animarnos recordándonos que ÉL es mucho mayor y que ha vencido. Si, Dios, tú y yo somos mayoría. Su promesa es que va a estar contigo todos los días. Lo refuerza en Isaías 41:10 (NVI): "No temas, porque yo estoy contigo; no desmayes, porque yo soy tu Dios que te esfuerzo; siempre te ayudaré, siempre te sustentaré con la diestra de mi justicia". Su promesa es que estará con nosotros todos los días de nuestra vida y eso incluye en nuestros momentos de pérdidas.

En Isaías 41:13 (NVI) Dios nos promete compañía cuando dice: "Pues yo te sostengo de tu mano derecha: Yo, el Señor tu Dios. Y te digo: No tengas miedo, aquí estoy para ayudarte". Ciertamente, el camino va a ser el mismo, la diferencia estriba en junto a quién enfrentaremos la situación. No es lo mismo atravesar un valle de lágrimas solo que tomado de la mano de Dios. Se trata de quién está contigo en medio del proceso. Fíjate en el caso de los tres jóvenes. Estoy convencida de que enfrentaron miedo ante lo desconocido. Sin embargo, esa emoción del miedo no les hizo retroceder. Estos jóvenes siguieron hacia adelante, dieron un paso de FE. Yo pensaría que es una contradicción, me atrevería a puntualizar por qué razón tengo que pasar por aflicciones si al final Dios me va a librar de ellas. Entonces, mi parte racional contesta, cómo voy a saber si tengo la FE suficiente en Dios si no soy probada en situaciones desafiantes. He aprendido que la pregunta correcta no debe ser por qué, debería ser cuál es la enseñanza que debo aprender. Mejor aún, cómo puedo tornar esta situación difícil en algo positivo.

En el caso de los tres jóvenes, Dios no los abandonó. Estuvo con ellos dentro del horno caliente, entró junto con ellos y permitió que atravesaran por la experiencia. Los guardó y los cubrió. En el momento en que los jóvenes declararon que no iban a adorar la estatua, sin importar las consecuencias que esto acarreara, muy bien pudo Dios haber dicho: "Es suficiente, su FE está más que probada". Sin embargo, no ocurrió de esa manera. Es a esto precisamente a lo que me refiero cuando expreso que estará contigo en este proceso de pérdida. No te abandonará. Estará abrazándote, tomándote de la mano en cada evento tormentoso de tu vida. De esa manera me lo demostró en mis momentos más dolorosos. Sin su socorro, hubiese sido incapaz de salir victoriosa.

La FE es la creencia, esperanza, confianza, tranquilidad y confirmación de que podemos tener una relación con nuestro creador. Al ejecutar la FE no necesitamos evidencia que nos pruebe o nos demuestren la verdad de lo que creemos. La Biblia registra: La FE es la seguridad de recibir lo que se espera, es estar convencido de lo que no se ve (Hebreos 11:1, NVI). La palabra FE proviene del latín *fides*, que significa lealtad o fidelidad. Es justo en las temporadas oscuras donde aflora lo mejor de nosotros. Imaginemos nuestra vida sin sus altas y bajas. Imaginemos una vida estática y sin cambio alguno. ¿Cómo sería una vida de completa felicidad? Creo que no sería vida, tendría que llamarse de alguna otra manera. Imagino que sería muy monótona. Me pregunto cómo pudiéramos saber si somos capaces de sobrepasar tiempos de dificultad sin un escenario perfecto de práctica.

Si utilizo la pérdida, el dolor, la traición, la decepción, el desamor, la infidelidad, la mudanza, la migración, la soledad, como oportunidades de crecimiento, entonces ya he experimentado ganancias en mi vida. Si no hubiese atravesado por la experiencia de la pérdida, entonces jamás hubiese visto nacer este hermoso libro. No fuese posible que lo tengas en tus manos y que te esté ayudando a ti también. ¿Sabes?, en los lugares más oscuros es precisamente donde nacen las semillas. Cuando sembramos una semilla, esta muere para convertirse en algo mejor. Si algo muere, algo nuevo tiene que nacer. La pérdida es el lugar ideal para perfeccionarnos, para hacernos más fuertes, para desarrollarnos y para madurar, de esta manera, eventualmente podremos hablar acerca de las bondades de nuestra experiencia de vida, así como de nuestra ejecutoria en medio de ellas.

Con este peldaño intencionalmente recordamos que es posible permitir que en nuestras temporadas oscuras germine lo mejor de nosotros.

Escalón intencional "perdón"

Debo abrir mi corazón y reconocer que, de los nueve escalones intencionales, el de perdonar ha sido, es y será el más retador en mi vida siempre. Utilizo la palabra absoluta "siempre" porque es un ejercicio que debe practicarse a diario. El escalón de perdonar fue la parte del libro que más tiempo me tomó escribir, la que detuvo mi avance. Y, paradójicamente, no tiene nada que ver con el contenido de palabras, es decir, con lo largo o corto que pueda ser. Este escalón ha sido el generador de muchas lágrimas amargas. Reconozco que también ha sido el motor de largas noches sin poder conciliar el sueño. Bajo la justificación de este escalón me refugié demasiado tiempo. Perdonar tiene que ver con dejar ir. Este escalón es el que más trabajo me ha dado. No porque no lo pueda entender, sino porque, por el contrario, lo entiendo demasiado bien. Tengo toda la capacidad y el conocimiento de lo que perdonar conlleva. Sé que perdonar me libera a mí; más que a la otra persona. Entiendo que perdonar es un ejercicio liberador para mi alma. Sé que perdonar me hace un mejor ser humano. Estoy consciente de que practicar el perdón me conduce a un camino de paz y tranquilidad en mi interior, en el que solo recibiré bienestar en los planos físico y emocional. ¡Existen tantas bondades en perdonar! Puedo identificar tanta cantidad de beneficios que produce el acto de perdonar, que no tiene sentido no hacerlo. Pero ¿por qué se nos hace tan difícil perdonar? Como seres humanos hemos sido criados con unos principios y valores que nos guían y nos rigen en el trayecto de la vida. Cuando pensamos o entendemos que alguna persona nos ha ofendido, deshonrado o humillado, esos valores salen a relucir. Es como una lista de situaciones que no son permitidas bajo ningún concepto. También es posible que nos dejemos llevar por las emociones. En muchas ocasiones establecemos excepciones en las que podemos perdonar. Esas excepciones están atadas a nuestra visión de la vida y del mundo. En otras tantas ocasiones las excepciones están sujetas a las experiencias que hayamos tenido en el trayecto de nuestra vida.

Perdonar no siempre está atado a una persona. Puede estar relacionado con algún evento ocurrido en nuestra vida, alguna situación. También puede estar relacionado con hacer las paces con alguna entidad u organización que entendemos que en algún momento interfirió o se inmiscuyó con nuestros planes o emociones. Ahora me produce risa, pero puedo mencionar una entidad que ante mis ojos entendí que fue sumamente injusta y por mucho tiempo tuve mucho coraje y me fue difícil perdonarla. Se trata del tribunal. ¿Tú piensas que el tribunal (aunque suene absurdo) se enteró de que yo tenía coraje y de que se me estaba haciendo difícil perdonar la decisión que tomó un juez en su día? La respuesta es no. El tribunal es meramente una agencia gubernamental que tiene personal encargado de tomar decisiones con relación a determinada materia o asunto. Es altamente probable que en los días que tuve vista en el tribunal el juez se haya ido a su casa muy tranquilo con todas las decisiones que tomó entonces. Eso sí, pienso que nosotros, como seres humanos, podemos hacer la diferencia en la vida de otra persona con tan solo las palabras que salen de nuestra boca o con una simple y sencilla sonrisa. Siempre recuerdo que uno de esos días que asistí al tribunal debía entregar un documento a determinada área. El solo hecho de estar en el tribunal me producía coraje. Viene a mi memoria que cuando entregué el documento tenía mis ojos llenos de lágrimas, había llorado tanto, que ya me sentía seca en mi interior y exterior. La persona lo recibió, me miró fijamente a los ojos y me dijo: "¡Que tengas PAZ!" ¿Qué fue lo que mis oídos escucharon? ¿Que tengas PAZ? Ahí fue cuando comencé a llorar, pero desconsoladamente. Estoy segura de que la persona me dijo esas palabras porque percibió mi tristeza e intentó animarme y consolarme. Yo, dentro de mi dolor, no lo podía visualizar de esa manera. ¡Increíblemente me tomó menos tiempo caminar y llegar al automóvil! Sentí que iba casi corriendo. Debe ser porque no quería que la gente me viese llorando. Aunque, normalizando el evento, el tribunal es un lugar en el que desde que entras, sientes el ambiente tenso y donde hay muchísimas más personas en situaciones similares o peores. Este es un ejemplo sencillo de que no siempre perdonar tiene que ver con otra persona. Perdonar es una decisión. Sí, una decisión muy personal. No es un sentimiento. Es dar un paso de progreso hacia tu bienestar. Perdonar es retador, tanto recibirlo como darlo.

En Salmos 32:1 la Biblia registra: "¡Qué felicidad la de aquellos cuya culpa ha sido perdonada! ¡Qué gozo hay cuando los pecados son borrados!". Cuando se trata de una situación que genera discordia entre dos partes debemos evaluarlas a ambas. ¡Qué sentimiento de placer se siente y qué satisfacción me produce saberme perdonada! ¡Qué alegría me producen las veces en que he fallado y pedido perdón, escuchar las palabras "te perdono"! La alegría como valor se manifiesta desde el interior del alma y se refleja a través de sensaciones de bienestar. Es un sentimiento positivo causado por la emoción placentera de haber sido perdonada. Pero ¿por qué se nos hace tan difícil perdonar? ¿Acaso es que olvidamos el bienestar que produce en nosotros recibir perdón?

La Real Academia Española define la palabra perdonar como olvidar la falta que ha cometido otra persona y no guardarle rencor ni castigarla. No tener en cuenta una deuda o una obligación. Librar a una persona de un castigo o una obligación.

Cuando observo la definición con detenimiento noto que no impone ninguna responsabilidad ni acción a la otra persona. Todo lo contrario, asigna una tarea a la persona que va a perdonar, ¿cuál?, olvidar la falta que cometió la otra persona. Me sorprendió saberlo ¡Inesperado! Eso sí que fue un balde de agua fría directamente a la cara y con cubitos de hielo. ¿Entonces debo entender que "soy yo la que tengo que accionar"? ¿Me corresponde a mí hacer lo necesario para poner en funcionamiento el mecanismo de olvidar y no guardarle rencor ni castigar a la otra persona? Sí, te corresponde a ti; sí, me corresponde a mí. Por más que quiera darle la vuelta a la palabra y justificar lo que la otra persona, la agencia, hizo o dejó de hacer, es un acto respecto al cual me corresponde a mí decidir y actuar.

Perdonar no implica olvidar. De hecho, el recuerdo nos permite encontrar ese punto de unión entre lo que somos y lo que hemos sido. La unión, de esta forma, es la persona que somos. ¿Por qué perdonar no implica olvidar? La memoria es la capacidad mental destinada para compilar información y recuperarla posteriormente. Esto se lleva a cabo gracias a los millones de neuronas y los billones de conexiones sinápticas entre ellas. La memoria nos permite adaptarnos al entorno, es producto de la evolución y se halla al servicio de la supervivencia. Aunque es un proceso sujeto a errores, determina quiénes somos a partir de lo que aprendemos y de todas las experiencias que atravesamos a lo largo de nuestra vida.

Según la Biblia, perdonar significa disculpar a alguien que nos ha ofendido o no tener en cuenta su falta. La palabra griega que se traduce como "perdonar" significa literalmente "dejar pasar", como por ejemplo, cuando una persona deja de exigir que se le pague una deuda. El mejor ejemplo lo tenemos en Jesús, cuando enseñó a los discípulos a orar en Lucas 11:1-4. La oración del padrenuestro es la más conocida. La Biblia relata que, un día, estaba Jesús orando en cierto lugar. Cuando terminó, le dijo uno de sus discípulos: "Señor, enséñanos a orar, así como Juan enseñó a sus discípulos". ÉL les dijo: "Cuando oren, digan: Padre, santificado sea tu nombre. Venga a tu reino. Danos cada día nuestro pan cotidiano. Perdónanos nuestros pecados, porque también nosotros perdonamos a todos los que nos ofenden. Y no nos metas en tentación". Esta oración nos brinda la oportunidad de acercarnos al Padre, reconociendo su grandeza y majestad. Nos da la oportunidad de reconocer nuestros errores y pedirle perdón. Es nuestro mejor momento para tener la actitud correcta de perdonar a todos aquellos que han cometido alguna falta contra nosotros. Es una excelente oportunidad para extender la misma misericordia que hemos recibido a otros.

Un aspecto muy importante a tomar en cuenta es que el perdón debe ser renovado a diario. En muchísimas ocasiones la persona que debemos perdonar es a nosotros mismos. Sí, porque hay cosas que no fueron de la manera en que pensábamos, ocurrieron de forma distinta y guardamos rencor hacia nosotros mismos. Hay algunas circunstancias de la vida en las que no se expresaron las emociones debidas o en las que actuamos o no de la manera en que teníamos planificado y esto nos llena de coraje hacia nosotros mismos. Te exhorto a que antes de extender perdón, te perdones a ti mismo, por todas esas cosas que no ocurrieron de la manera en que pensabas. Perdonarte a ti mismo es un acto de valentía.

En muchos casos perdonar está relacionado con una persona que amamos mucho. Cuando las ofensas vienen de alguna persona que no conocemos o con quien no nos relacionamos es más fácil el ejercicio de perdonar, porque no hay emociones fuertes involucradas. Pero cuando la falta o la ofensa provienen de una figura significativa, de alguien con quien tenemos relación emocional o relación sanguínea, entonces todo cambia. Las emociones nos nublan el pensamiento y se nos hace más retador perdonar. El perdón está estrechamente relacionado con la benignidad y el amor es la forma de benignidad primordial para la acción del perdón. A medida que perdonamos avanzamos un poco más y hacemos polvo la ira y el rencor que nos torturan. Públicamente Yo elijo perdonar porque voy a seguir amando y amando mucho. Te regalo un versículo de la Biblia que se encuentra en Lucas 7:47: "Por eso te digo: Si ella ha amado mucho, es que sus muchos pecados le han sido perdonados. Pero a quien poco se le perdona, poco ama".

Con este peldaño intencionalmente recordamos que existe felicidad en ser perdonado, pero mucha más gratificación y liberación en perdonar.

¿Qué no es perdonar?

Aprobar la ofensa: Cuando perdonamos no estamos aprobando la ofensa. Tampoco estamos negando que la ofensa ocurrió. Estamos conscientes de que ocurrió, pero ya no nos hiere. La vemos como una experiencia de vida más.

Actuar como si la persona no hubiera cometido la ofensa: Como seres humanos podemos perdonar una ofensa. Sin embargo, algunas de ellas, de acuerdo a la magnitud, traen consecuencias. Perdonar no es sinónimo de librar la responsabilidad de las consecuencias. Hay consecuencias que son el resultado de una determinada manera de actuar con la que la otra persona tendrá que lidiar.

No implica no establecer límites: Establecer límites saludables es un paso asertivo en nuestras relaciones interpersonales. Perdonar no es sinónimo de permitir toda acción de parte de los demás. Los límites son necesarios en nuestro convivir diario.

Insistir en que la relación sea como antes: Las relaciones interpersonales, como los seres humanos, atraviesan por una serie de fases. Perdonar no es sinónimo de que la relación va a ser exactamente igual que antes de la ofensa.

Detener mi vida: La vida está en continuo cambio y en constante movimiento. Somos llamados a continuar caminando. Perdonar no es sinónimo de aceptar estancamiento. Perdono y me propongo pasar la página.

Sinónimo de debilidad: Cuando perdonamos nos hacemos fuertes. Perdonar no es sinónimo de que la persona tenga que estar presente en nuestra vida. Perdonar no sujeta a mantener la relación.

¿Qué nos ayuda a perdonar?

Sopesar los beneficios de perdonar: Cuando perdonamos nos liberamos de los sentimientos de coraje, enojo y rencor. Perdonar mejora mi salud emocional y física, me hace sentir en paz y en calma. Cuando perdono me siento más feliz.

Recordar la definición de perdonar: El beneficio inmediato es para ti. Eres tú la persona llamada a realizar la acción, aunque entiendas o sientas que otro te ha ofendido.

Ten presente qué compromiso involucra perdonar: Perdonar no es sinónimo de aprobar el evento que pasó o eliminarlo por completo, es comprometerse sinceramente a pasarlo por alto de manera intencional.

Empatía: En algún momento de mi vida lastimé a otras personas y pedí perdón. Se sintió bien saber que fui perdonada. Como seres humanos somos imperfectos. Esa imperfección es la que nos hace vulnerables a cometer errores y desear que nos sean perdonados, por lo que nosotros también debemos perdonar a los demás.

Actuar en la inmediatez: Mientras más pronto tomemos la decisión de perdonar, más rápido nos liberaremos de esa carga emocional. Realizar nuestro mejor esfuerzo priorizando la acción de perdonar nos libera de corajes innecesarios que no tenemos por qué cargar.

Comprensión: En ocasiones estamos muy sensitivos o le otorgamos demasiada importancia a eventos de la vida que en realidad no la tienen. Las emociones nos traicionan y hacemos de un incidente pequeño uno de gran magnitud. Esfuérzate por ser comprensivo con los demás y contigo mismo.

Bondades de perdonar:

- Perdonar es **amor**
- Perdonar **libera**
- Perdonar **restaura**
- Perdonar es un **regalo**
- Perdonar es **reconciliación**
- Perdonar es **comprensión**
- Perdonar es **cambio de mentalidad**
- Perdonar es **abrir el corazón**
- Perdonar es **generosidad**
- Perdonar es **humildad**
- Perdonar **abre puertas**
- Perdonar **limpia el alma**
- Perdonar nos **ayuda a madurar**
- Perdonar nos **ayuda a avanzar**
- Perdonar nos **trae bienestar**

CARTA DE PERDÓN
DEDICADA A MI HIJA,

Lyanne Michelle Osorio Hernández

Desde el primer día que supe que iba a ser mamá, te amé. Cuando aún mis ojos no te habían visto, ya estaba feliz e ilusionada con la gran noticia de que pronto te tendría entre mis brazos. Sentirte dentro de mí fue indescriptible. Disfruté cada momento, sin importar el entorno. Verte por primera vez fue maravilloso. Te esperé, siempre te esperé y siempre te esperaré.

Te amo.

No hay nada ni nadie que pueda cambiar esa realidad. Eres la figura más importante en mi vida; mi primogénita. Yo siempre voy a estar aquí. Sé que no he sido una madre perfecta. Reconozco que en ocasiones fallé. Quiero colaborar contigo para que tú estés bien.

Quiero que seas feliz. Conmigo tienes el espacio para dialogar. Quiero dejarte saber que cuando tú te sientas lista y preparada, aquí están mis oídos para escucharte.

Mis brazos están más que preparados para abrazarte. Me gustaría que podamos establecer acuerdos para que las cosas puedan ser distintas de ahora en adelante. Yo te quiero escuchar.

¿Sabes?, por más que quisiéramos no es posible cambiar el pasado, pero juntas podemos crear nuevas historias alternas que fomenten el respeto y reinterpreten nuestras experiencias.

¡El amor todo lo puede!

Te amo,

Mamá

Escalón intencional
"el bien y la misericordia"

Ciertamente, *el bien y la misericordia* me seguirán todos los días de mi vida, y en la casa del Señor moraré por largos días.

Uno de los pasajes de la Biblia más conocidos es el Salmo 23. Es un Salmo que escribió David, quien fue pastor en su juventud. En el versículo 6 nos habla: "El Bien y la Misericordia me seguirán todos los días de mi vida".

Desde mis días de adolescencia me aprendí el Salmo 23 completo. Recuerdo que un viernes en la noche, había una actividad que estaba a cargo de los jóvenes de la iglesia. Una de las partes consistía en que, mientras todos los jóvenes recitábamos el citado Salmo, otros estarían actuando. Fue una representación muy hermosa. Visualizamos el bien y la misericordia como amigos de Jesús, como mensajeros, ángeles enviados por Dios para que tengamos la plena confianza de que nos siguen en cada caminar. Estoy convencida de que el bien y la misericordia estuvieron conmigo en cada momento. El bien y la misericordia siempre caminan juntos, no se separan. De la misma manera, no me abandonaron. También me percaté de un detalle importante en el versículo 6. Antes de que aparezcan los amigos de Jesús, el bien y la misericordia, aparece la palabra "ciertamente". ¡Qué bendición encontrar la palabra "ciertamente"! Esta palabra enfatiza, afirma sin duda alguna que lo que se expresa debe ser creído con seguridad absoluta. Entonces, indudablemente, el bien y la misericordia son bendiciones que me seguirán todos los días de mi vida. Todos los días de mi vida incluye aquellos en que siento que estoy caminando en valle de sombra de muerte. Sí, esos momentos de dolor en los que "pensamos" que el bien y la misericordia nos han abandonado. No es así, son inseparables y son amigos de Jesús. No hay nada que podamos hacer, léelo claramente, para que el bien y la misericordia no sean parte de ti. No existe un solo día en que el favor de Dios no deje de seguirnos de cerca, mostrándonos el bien y la misericordia sobre nuestra vida en cada paso que demos, en cada acción que tomemos ÉL afirma nuestros pasos.

Otro de mis Salmos favoritos, que me llena de bien y misericordia, lo encuentro en el 103:3-5: "ÉL perdona todos mis pecados, y sana todas mis dolencias; ÉL rescata mi vida del sepulcro y me cubre con amor y compasión, ÉL colma de bienes mi vida y me rejuvenece como las águilas".

Ten la seguridad de que el bien y la misericordia van a actuar a tu favor restaurándote, limpiándote, impulsándote y alejando de ti a los que no tienen que estar. Una cualidad del bien y la misericordia es que acercan a ti a los que tienen que estar. Adicionalmente, permiten que la gloria de Dios te cubra, renuevan tus fuerzas, las relaciones entre padres e hijos y tu relación con Dios.

Con este peldaño, intencionalmente recordamos que no existe un solo día en el planeta tierra en el que el bien y la misericordia no nos alcancen. Donde quiera que estemos, a donde nos dirijamos, siempre, siempre esos valores estarán con nosotros recordándonos que Jehová es nuestro pastor y nos ama con amor fiel e infinito. Este peldaño es la convicción y la reafirmación de que no hay nada que podamos hacer para que el bien y la misericordia de Dios se aparten de nosotros.

Escalón intencional "resiliencia"

Hasta hace unos años el término *resiliencia* era desconocido para la mayoría de los seres humanos. Sin embargo, día a día esta expresión está presente cada vez más y se ha incorporado a nuestra vida cotidiana. A pesar de que el significado del enunciado resiliencia no era tan conocido, lo que establece es tan primitivo como la vida misma. Es la expresión y la afirmación equivalente de la creencia de que lo positivo siempre tiene que pesar más que lo negativo. Las fortalezas suman más que lo que las dificultades pudiesen restar. El vocablo está centrado en las capacidades, valores y atributos positivos de los seres humanos para enfrentar las adversidades y reponerse del dolor. Es lograr adaptarse bien a las tragedias, los traumas, las amenazas o el estrés severo. En fin, enfrentar las adversidades y salir fortalecido de ellas responde al término de *resiliencia*.

El concepto de resiliencia no pertenece a ninguna ciencia o disciplina en particular. Para Richardson (1990), son muchas las disciplinas que añaden comprensión a la naturaleza de la resiliencia, tales como: filosofía, psicología, medicina oriental y neurociencias, entre otras. La considera como una metateoría que puede atraer a las profesiones de ayuda, debido a que no es una teoría orientada a los problemas y, por otra parte, tiene la delicadeza de permitirles a los expertos explorar otros factores, como los de índole espiritual, que ayudan a las personas. Por esta razón, la resiliencia se ha convertido en un conocimiento interdisciplinario que reúne quehaceres de múltiples áreas, tales como: psicología, antropología, sociología, salud, trabajo social, derecho y psicopedagogía. Todas estas áreas contribuyen con sus aportaciones y añaden más saber respecto al término resiliencia.

Este concepto enfatiza en el peso de las fortalezas que poseen los individuos o que pueden desarrollar para superar los momentos de adversidad. Estas se activan cuando acontece una calamidad como la pérdida de un ser amado. Cada individuo posee fortalezas, es decir, recursos internos que los ayudan a alcanzar la promoción de las capacidades de realización y bienestar.

En la mayoría de las definiciones de resiliencia Werner (1982), Garmezy (1991), Rutter (1992), Vanistendael (1994), ICCB (1994), Grotberg (1995), Masten (1999), y Luthar y otros (2000), se incorpora la existencia de unas circunstancias difíciles, eventos estresantes o adversidades que el individuo debe superar a lo largo de su vida. Por ende, el punto de partida de la resiliencia es la existencia de una adversidad, un acontecimiento desestabilizador al que el individuo tiene que hacer frente y para ello tiene que movilizar todos los recursos a su alcance.

Un ejemplo concreto es la pérdida de un ser amado (circunstancia difícil, evento estresante o adversidad a enfrentar). Ante una pérdida experimentamos desestabilización, por lo que debemos hacerle frente de la mejor manera, ¿cómo? buscando en nuestro interior los recursos que tenemos a nuestro alcance. También podemos utilizar las estrategias e información obtenidas del libro *El arte de caminar del duelo a la vida*.

En la literatura podemos encontrar modelos desarrollados para describir y explicar el concepto de resiliencia. Entre ellos puedo distinguir el modelo del *Mándala de la Resiliencia*, elaborado por Wolin & Wolin (1993). Este hace referencia al concepto de *Pilares de la Resiliencia*. Este modelo ha tenido gran difusión en el campo porque propone siete *Resiliencias* o *Pilares* encaminados al descubrimiento de factores personales que son activados por las personas al enfrentarse a las adversidades y que les garantiza que sus respuestas sean exitosas.

Estas *Resiliencias* o *Pilares de la Resiliencia* evolucionan a través de cada una de las etapas del desarrollo de la persona, adaptando distintas manifestaciones en cada cual. Estas capacidades son personales, sin embargo, se han generado y fortalecido a través de la interacción con el ambiente.

Este modelo sitúa al YO de cada individuo en el núcleo del mándala y alrededor de este cada una de las manifestaciones que llamaron "pilares de la resiliencia", cuyo origen está en el YO. Las manifestaciones son las siguientes: Capacidad de relacionarse, Iniciativa, Creatividad, Humor, Moralidad, Independencia e Introspección.

Estas clasificaciones no solo responden a la base de la resiliencia, sino que sitúan de manera visible cuáles son las capacidades que pueden desarrollarse y las que pueden fortalecerse en respuesta resiliente de cara a las adversidades de la vida.

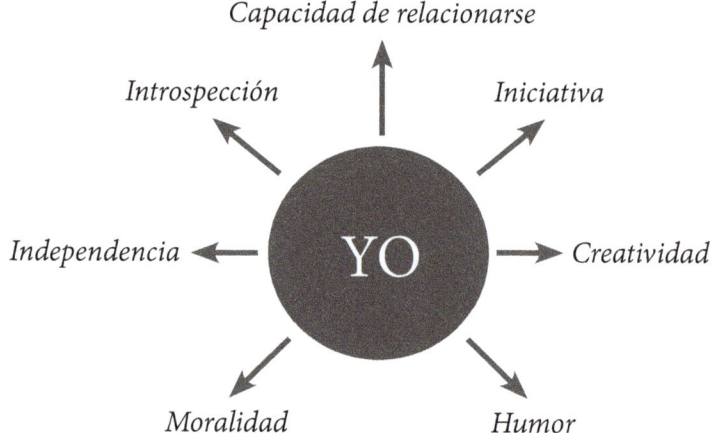

Capacidad de relacionarse

Esta capacidad se refiere a la habilidad con la que cuentan los individuos para establecer lazos íntimos y satisfactorios con otras personas, para poder entregarse a los demás. Esta capacidad comienza a manifestarse desde etapas tempranas en el desarrollo (comienzos de la vida). La forma de expresar y satisfacer la necesidad vital de establecer lazos afectivos con los demás se desarrolla a lo largo de la infancia y de la adolescencia. Está relacionada con el temperamento y el impacto de las experiencias que se viven con los padres, cuidadores y demás figuras significativas del entorno.

Es importante experimentar el deseo de sentirse querido por los demás, vincularse con otros, percibir su apoyo, su cuidado y, a la vez, ser capaces de transmitirlo a los demás.

Iniciativa

Esta capacidad se refiere a la habilidad de hacerse cargo de los problemas. Es la tendencia a exigirse a uno mismo y a ponerse a prueba en situaciones cada vez más retadoras. Se destaca la capacidad de hacerse cargo de los problemas y de ejercer control sobre ellos. Es la capacidad y la voluntad para hacer cosas. Esta capacidad comienza a fundarse desde los cuatro y cinco años.

Creatividad

Es la capacidad de crear orden, belleza y finalidad partiendo del caos y el desorden que nos deja la pérdida. Es una cualidad del funcionamiento de la mente humana, como la capacidad de pensar sobre los propios pensamientos que lleva a generar nuevos conceptos, hipótesis, apreciaciones y posibilidades de acción ante las circunstancias.

Humor

Esta capacidad es la habilidad para ver lo absurdo en las dificultades y dolores logrando encontrar lo cómico en la propia tragedia. El humor favorece a una actitud estable frente a la vida y frente a los demás. Permite a los individuos observarse a sí mismos a través de una conciencia crítica neutralizada. Esto nos ayuda a aceptar nuestras limitaciones. El humor es una herramienta útil en la resiliencia. A través del humor podemos descubrir aspectos positivos que no hubiesen sido posibles de apreciar en la realidad. Nos revela un nuevo sentido que nos ayudará a reincorporarnos a la vida. Recuerda que es necesario conservar la sonrisa ante cualquier adversidad.

Moralidad

Esta capacidad abarca dos factores fundamentales, el primero es la capacidad de desearle al otro el mismo bien que se desea para uno mismo. El segundo es la capacidad de comprometerse con valores específicos que dirijan las respuestas ante momentos de adversidad.

Independencia

Esta capacidad se refiere a fijar límites (personales) con relación al problema con la intención de mantener distancia física y emocional respecto a este, sin caer en el aislamiento. Es tener la habilidad de juzgar una situación, sin dejarse influenciar por lo que se desea, tomando decisiones por sí mismo.

Introspección

Es la capacidad de observar los hechos y a sí mismo de manera simultánea. Esto conlleva que nos realicemos preguntas difíciles y que nuestras respuestas sean manifestadas de forma sincera. Es importante recordar que la introspección es un componente elemental de las funciones ejecutivas, que son las encargadas de gobernar los pensamientos, las emociones y las conductas, con el examen y la evaluación de las circunstancias y la toma de decisiones necesarias para poder alcanzar las metas que nos hemos trazado. Al tener esta capacidad adquirimos conocimientos acerca de cómo son y podemos configurar una mirada real de las habilidades, talentos, recursos y áreas de oportunidad que aumenten nuestras probabilidades de ser asertivos en la toma de decisiones.

Ten presente que el tesoro de la resiliencia reside en la superación de la adversidad; pero, más aún, en la transformación y el crecimiento que cada individuo puede experimentar tras sucesos adversos. Es decir, encarar un nuevo proceso que destelle un sentido nuevo a la vida ante las posibilidades de esperanza. Esto implica salir vigorizado y elevado tras experimentar una adversidad.

Propuestas

En el lado izquierdo de esta tabla se proveen espacios de "recordatorio" de actividades que te puedes permitir realizar a tu ritmo en el proceso de duelo. En el lado derecho se proveen espacios de "esfuerzo" que es necesario realizar para permitirte reiniciar la vida. Cada esfuerzo viene acompañado de una afirmación que te anima a continuar.

El propósito del ejercicio es crear consciencia acerca de los esfuerzos que necesitamos realizar para alcanzar nuestra estabilidad y algunas consideraciones que debes tener contigo mismo para que el proceso fluya de manera gradual, pero continua.

RECORDATORIO	ESFUERZO
Busque apoyo de familiares y amigos	Usualmente la persona que está encarando un proceso de duelo necesita sentirse acompañada, aunque en algunas otras ocasiones procura estar sola. Estos sucesos pueden ocurrir indistintamente del momento o el tipo de compañía que se le ofrezca. Recuerde que en estos momentos está dentro de los límites normales sentir confusión y no saber qué es lo que se desea, con precisión. ¡No se apresure!

RECORDATORIO	ESFUERZO
Permítase vivir y disfrutar de ello	Se recomienda recuperar gradualmente el ritmo de vida anterior a la pérdida, retomando las actividades que resultaban placenteras. Encuentre pequeños espacios de bienestar. Descubra actividades que anteriormente le fue imposible realizar por respeto o por no ser del agrado de la persona fallecida. ¡Identifique actividades placenteras!
Permítase estar en duelo	Se recomienda que se tome su tiempo para expresar emociones relacionadas con la pérdida. Al mismo tiempo, es positivo delinearse responsabilidades (poco a poco), de manera que no esté aislado, y reiniciar la vida social nuevamente. ¡Un día a la vez!
Evite tomar decisiones importantes en tiempo de crisis	En momentos de sufrimiento intenso, como lo son los de la pérdida, algunas personas suelen tomar decisiones sobre asuntos importantes lo que más tarde, en la calma, consideran que fue erróneo o apresurado. Un ejemplo: vender la casa a bajo costo. En caso de tener que tomar la decisión considere discutirlo con alguien de su entera confianza. ¡Ya habrá tiempo!
Lea libros de autoayuda, poemas y frases relacionadas con el duelo	Exponerse al tema del duelo es una forma adecuada de reconocer sus emociones, así como de reflexionar acerca del evento. ¡Acepte su realidad!

Escriba un diario o cartas	Escribir diarios o cartas es una manera asertiva de manifestar pensamientos y emociones. Un ejemplo pueden ser palabras que no se dijeron, reconciliaciones. Las cartas las puede conservar y al pasar el tiempo volverlas a leer, como un ejercicio para distinguir cuánto ha adelantado en el proceso. ¡Escribir es terapéutico!
Cree 'espacios de recuerdos'	Prepare un álbum que le permita revivir momentos importantes (cuando se sienta preparado). ¡Mediante los recuerdos nos reconectamos con nosotros mismos a lo largo de la vida!
Practique el autocuidado	Procure dedicarse más tiempo, cuide la alimentación, practique alguna rutina de ejercicios, descanse de manera adecuada. Procure reducir hábitos tóxicos, tales como: consumo de alcohol, tabaco y otras drogas. ¡Añadirá días a su vida!
Permita el flujo saludable de recuerdos	Se recomienda consentir que los recuerdos salgan a flote, es decir, comparta los momentos agradables y los no tan agradables. No hay razón para esconder la alegría ni el dolor. ¡De esto se trata la vida!
Piense anticipadamente	En la medida que sea posible piense y planifique de qué manera quiere enfrentar las fechas especiales, tales como: aniversarios, cumpleaños, así como fechas festivas. Pregúntese: ¿Cómo y con quién quiero compartirlas? ¡Tome la delantera, se sentirá mejor!

Visite espacios al aire libre	Con el propósito de renovar su salud emocional, disfrute de paseos al aire libre, ya sea acompañado o solo. Esto le permitirá tener tiempo de ocio recreativo, así como contactarse con la naturaleza (siempre hace bien), sentir el aire acariciarle el rostro. ¡La naturaleza mejora los estados de ánimo y potencia el bienestar!
No descarte objetos	Apresurarse no es la solución. Se recomienda no desprenderse de todo lo que pertenecía a la persona fallecida. Debemos conservar objetos tales como: fotografías, medallas, cartas. Aunque parezcan insignificantes, consérvelos (por ahora), puede que le sean de gran ayuda en el futuro. ¡Algunos objetos ayudan a dar sentido!
Condúzcase de manera escalonada	Hay algunos recuerdos que nos resultan más dolorosos que otros. Diríjase de manera paulatina a ellos, es decir, si observar fotos, objetos o regalos le resulta enormemente doloroso, estime su mejor momento para acercarse. ¡No se presione!
Inventario de agradecimiento	Escriba una lista de agradecimiento. Comience resaltando aspectos positivos, tales como: ¿Qué es lo mejor que he obtenido de esa persona? ¿Cómo la vida de esa persona me ayudó a ser un mejor ser humano hoy? ¡La gratitud tiene el valor de fortalecer el ánimo!

Escalón intencional "amor"

Si alguien mostró amor en su caminar, en su ministerio terrenal, fue Jesús. A diario, mostró el amor incondicional que sentía por los demás cada vez que bendecía, servía a los pobres, a los enfermos y a los afligidos. Jesús nos mostró el amor con su ejemplo de muerte para que nosotros tengamos vida. ¡Qué gran amor! En Juan 15:12 nos dejó un mandato: "Este es mi mandamiento: ámense unos a otros de la misma manera en que yo los he amado".

La Real Academia Española definió el amor como un sentimiento intenso del ser humano que, partiendo de su propia insuficiencia, necesita y busca el encuentro y unión con otro ser. Sentimiento hacia otra persona que naturalmente nos atrae y que, procurando reciprocidad en el deseo de unión, nos completa, alegra y da energía para convivir, comunicarnos y crear.

Los estudios muestran que el amor de una madre es el más grande del mundo porque existe desde el momento de la concepción, es decir, desde antes de que el bebé nazca. En el plano terrenal, Sigmund Freud fue el primero en percatarse de la importancia de los sentimientos de las madres y se dio cuenta de que las primeras etapas de la maternidad tenían efectos a largo plazo en la psicología del niño y de que la educación emocional de los hijos no empezaba cuando nacían, sino en el útero. El amor de una madre es tan fuerte que se compara con el amor que Dios nos tiene a nosotros.

En Salmos 139:16-17 la Biblia registra: "Mi embrión vieron tus ojos, y en tu libro estaban escritas todas aquellas cosas que fueron luego formadas, sin faltar una de ellas". ¡Cuán preciosos me son, oh Dios, tus pensamientos! ¡Cuán grande es la suma de ellos! ¡Qué Salmo más hermoso y qué paz y tranquilidad saber que alguien me ama tal cual soy, con mis virtudes y mis áreas por fortalecer! Me asombra saber que Dios estuvo a mi cuidado desde que yo era un embrión. ¡Qué inmenso amor nos tiene, que ha visto mi despertar y mi dormir, que ha estado conmigo mano a mano en cada lucha que he tenido, que sabe y conoce los deseos más profundos de mi corazón! Aferrarme a su inmenso amor me ayuda a continuar hacia adelante. Me ayuda a animarme sabiendo que todo lo tengo en ÉL y que todas las cosas son posibles.

Cada mañana al despertar me repito que soy una persona amada y con capacidad de amar a otros. Recito el Salmo 143:8 que me reafirma: "Por la mañana hazme saber de tu gran amor, porque en ti he puesto mi confianza. Señálame el camino que debo seguir, porque a ti elevo mi alma". Eso me llena de paz, me da la energía, la fuerza que necesito para comenzar el día con la plena seguridad de que soy amada y de que toda esa confianza está en el camino correcto.

Me gustaría que en las escuelas se hablara de las diferentes emociones y sentimientos. Me encantaría que integraran conceptos como el amor y sus definiciones. Aunque sea difícil de creer, hay muchas personas que no recibieron amor en sus hogares de origen y no saben amar. Sé que, en el ámbito social, aunque en nuestros hogares no nos hayan enseñado algún concepto, es posible aprenderlo en otro escenario en el que nos desarrollamos, como la escuela, las iglesias y los clubes sociales, pero no siempre es así. Hay muchas personas que andan por la vida demostrando que no tienen idea de lo que es el amor. Lo muestran con sus actitudes diarias, en la manera en que tratan a los demás y, tristemente, en la manera en que se tratan a sí mismos. Nunca es tarde para aprender a amar y siempre es un buen momento para amarnos a nosotros mismos de modo especial. El amor nace de manera espontánea, natural; el amor no se mendiga.

Las experiencias me han demostrado que la vida es como estar montado en un tren. En algunas estaciones se subirán personas que permanecerán por algún tiempo. Otras se quedarán para siempre. Sin embargo, otras tantas tomarán la decisión de bajarse en alguna estación del tren. No está mal y así debemos aceptarlo. El hecho de que alguna persona se baje en una estación del tren no nos obliga a dejar de amarla. ¿Sabes qué?, continúo amándolo, sabiendo y respetando que decidió bajarse en alguna estación del tren llamada vida. Lo mismo se aplica a nosotros; en ocasiones nos subimos en el tren de la vida de alguna otra persona y por diversidad de razones determinamos bajarnos y continuar nuestro caminar. Una vez que una persona está en nuestro tren o nosotros estamos en el tren de otra persona, ya es historia. Sí, historia que no se elimina de nuestra memoria, porque ya fue parte de nosotros en determinado momento. Eso es amor. En 1ra de Corintios 14:4-8 la Biblia registra: "El amor es paciente, es bondadoso. El amor no es envidioso ni jactancioso ni orgulloso. No se comporta con rudeza, no es egoísta, no se enoja fácilmente, no guarda rencor. El amor no se deleita en la maldad, sino que se regocija con la verdad. Todo lo disculpa, todo lo cree, todo lo espera, todo lo soporta. El amor jamás se extingue".

Amar debe ser tan normal para nosotros, como respirar y vivir a diario hasta que estemos en su presencia.

Con este peldaño intencionalmente recordamos que indistintamente de las experiencias de la vida tenemos la capacidad de extender y recibir amor. El amor es el vínculo de afecto perfecto que jamás dejará de existir. El amor hace la diferencia en la vida de los demás y en la nuestra; siempre suma, nunca resta.

Escalón intencional "números"

1+1= 5

¡Ningún milagro es suficientemente pequeño! Todo evento en nuestra vida está planificado por nuestro creador. Todo está majestuosamente organizado en su perfecto plan. Desde los tiempos de la academia siempre escuché decir que los números no mienten. Sí, escuché que las matemáticas son perfectas. Pero ¿qué ocurre en el caso donde 1+1=5, cuando desde la escuela primaria nos enseñaron que 1+1=2? La matemática no es perfecta, el único perfecto es Dios. En nuestra vida ocurren fenómenos que en ocasiones son obviados cuando estamos sumergidos en escenarios de dolor. Sin embargo, el hecho de que los obviemos no significa que no ocurrieron. En el evangelio de Marcos 10:27 hay una afirmación que Jesús hace, que es directa y extraordinaria. La Biblia registra: "Entonces, Jesús, mirándolos, dijo: Para los hombres es imposible, más para Dios, no; porque todas las cosas son posibles para Dios". Yo, como ser humano imperfecto, tengo que exclamar: ¡Bendito sea el nombre de Jesús y bendito sean los planes de bienestar que tiene siempre para nuestra vida! Planes que nos sorprenden y nos dejan perplejos. Planes que nuestra mente inexacta jamás hubiese imaginado. Entonces es cuando cobra todo el sentido del mundo el versículo que encontramos en Isaías 55:8-9: "Porque mis ideas no son como las de ustedes, y mi manera de actuar no es como la suya. Así como el cielo está por encima de la tierra, así también mis ideas y mi manera de actuar están por encima de las de ustedes". El Señor lo afirma.

En la noche más oscura del alba de mi vida, el Señor me sorprendió (una vez más). El Señor rompió todos los esquemas mentales que construí en el caminar por la vida. Siempre supe que sumar es juntar dos o más cosas para saber cuántas hay en total. No obstante, según la definición terrenal, para sumar debes tener algo en tus manos para poder juntarlo y entonces saber cuánto hay en total. Si no tienes nada en tus manos no será posible sumar. ¡Qué compasivo es Dios al romper todos los patrones terrenales! ¡Cuánta sensibilidad nos manifiesta demostrándonos que, aunque no tengamos nada en nuestras manos ÉL va a utilizar los números a nuestro favor! Sus promesas son reales y ciertas, esto lo vemos en Isaías 40:29 cuando nos reafirma: "ÉL da esfuerzo al cansado, y multiplica las fuerzas al que no tiene ninguna". Si no tengo fuerzas, reposo en la tranquilidad de que utilizará sus números excelsos para sumar y multiplicar como solo ÉL sabe hacerlo. Su sublime gracia y fortaleza me mostró que $1+1=5$. Su matemática es solemne y es perfecta. Jamás me hubiese imaginado que en el momento más estremecedor de mi vida aprendería a sumar de manera distinta.

Una persona significativa en mi vida decidió irse, alejarse, se bajó del tren. Fue mi hija, mi primogénita. Pero Dios tuvo a bien traer a mi vida a una persona extra mega super especial. Un hombre maravilloso. Dios pensó en mí cuando lo creó a él. Al cabo de un tiempo se convirtió en mi esposo. Jamás hubiese pensado conocer a alguien en el momento más duro de mi vida.

Yo no estaba preparada para conocer a nadie. No quería conocer a nadie. Estaba inmersa solo en mi dolor. De hecho, esa alternativa nunca pasó por mi mente. ¡No era posible! Ese hombre especial me prestó su hombro para llorar, muchas veces. Siempre yo seleccionaba el mismo hombro. De manera jocosa, hoy me pregunto si tendrá alguna lesión. ¡Doy gracias a Dios por su vida! Desde el primer día en que nos encontramos le conté mi historia, porque como era tan inverosímil quería que la supiera desde el día uno y que tuviese la oportunidad de salir corriendo. ¡Nunca corrió! Se quedó a mi lado. En mis peores noches oraba por mí, se quedaba a mi lado y me consolaba. Él no llegó solo. Tenía la bendición de ser un hombre a cargo de sus dos hijos. Sí, existen muchísimos hombres valiosos y responsables que deciden criar a sus hijos solos. Tras una separación, los adolescentes eligieron continuar su vida con papá como jefe de familia. Tatyana y Shakeenan, ¡cuánto me enseñaron! Grandes maestros con quienes descubrí que no hay diferencia entre amar a los hijos de la vida y los biológicos. ¡Cuánto amor recibí y aún continúo recibiendo! No existe un solo día en el que no sonría al pensar en sus ocurrencias y en lo feliz que me han hecho todos estos años. Me llenaron de amor. Cobró sentido el versículo de 1ra de Corintios

13:1-3: "Si hablo en lenguas humanas y angelicales, pero no tengo amor, no soy más que un metal que resuena o un platillo que hace ruido. Si tengo el don de profecía y entiendo todos los misterios y poseo todo el conocimiento, y si tengo una fe que logra trasladar montañas, pero me falta el amor, no soy nada. Si reparto entre los pobres todo lo que poseo, y si entrego mi cuerpo para que lo consuman las llamas, pero no tengo amor, nada gano con eso". Fueron muy comprensivos en mi proceso. Me reafirmaron que el amor nace de manera natural, que el amor no se suplica y que siempre hay gente especial dispuesta a amarme tal como soy, con virtudes y áreas por mejorar.

Te estarás preguntando, ¿la autora aún no ha aprendido a sumar?, porque solo hay tres personas. Hasta ahora ha hablado de su esposo Bobby Ray y de sus dos hijos Tatyana y Shakeenan. Créeme, luego de esta experiencia ya aprendí. ¡Ningún milagro es suficientemente pequeño! Dios, en su infinita misericordia, no deja de sorprenderme. Me manifiesta a diario que soy su hija amada y que se complace en hacerme feliz. Hace diecisiete meses llegó a nuestra vida la pequeña Akeelah Sohaila. Es una niña alegre, saludable y hermosa. ¡Todos estamos felices con su llegada! Es una niña amada y deseada. Como familia contamos los días para tenerla en nuestros brazos. Contamos cada día de su gestación. La esperamos con muchas ansias. ¡Cuánta alegría añade a nuestros días! Está llena de propósito. Vemos el amor de Dios reflejado en su vida, así como la grandeza de su creación. Nuestra familia no es perfecta. Nuestra perfección radica en que tenemos a Dios como centro de nuestras vidas. Aún los números no concuerdan. ¡Se fue una y llegaron 5! He mencionado a cuatro personas y la matemática inicial establecía que 1+1= 5. ¡Solo hay 4 hasta ahora! Resulta que hace ocho semanas llegó a nuestro núcleo familiar Mateo, un Silver labrador precioso. Es nuestro hijo de 4 patas. Nos ayuda con Akeelah y la protege. ¡Qué alegría y qué tranquilidad saber que los números iniciales y finales provienen de Dios! ¡Los números perfectos están en Dios!

Con este peldaño intencionalmente recordamos que existen sucesos extraordinarios y maravillosos que no pueden explicarse por las leyes regulares de la naturaleza, que lo que has considerado imposible tiene toda la capacidad y el potencial de tornarse en la sorpresa más grande de tu vida, si lo crees. ¡Ningún milagro es suficientemente pequeño! Piensa fuera de lo ordinario y extiéndete hacia lo extraordinario. Dios es experto en complementarnos. Cada día añade bondades a nuestra vida. Te invito a que te dejes asombrar por las maravillas de Dios y que aceptes con admiración y sorpresa que: 1+1=5.

Te regalo el siguiente versículo, Salmos 36:7: "¡Qué precioso es tu amor inagotable, oh, Dios! Todos los seres humanos encuentran refugio a la sombra de tus alas".

Escalón intencional "paz"

La paz, del latín *pax*, es definida en sentido positivo como un estado a nivel social o personal en el cual se encuentran en equilibrio y estabilidad las partes de una unidad. La paz sugiere un bienestar total de nosotros como seres humanos con Dios, con la sociedad, con los grupos e individuos y con nosotros mismos. Cotidianamente, cuando escuchamos la palabra paz nos transportamos a un espacio mental positivo que nos genera bienestar. La palabra paz es definida por la Real Academia Española como situación en la que no existe lucha armada en un país o entre países. Relación de armonía entre las personas, sin enfrentamientos ni conflictos. Acuerdo alcanzado entre las naciones por el que se pone fin a una guerra. Ausencia de ruido o ajetreo en un lugar o en un momento. Estado de quien no está perturbado por ningún conflicto o inquietud.

Mi definición de la paz es ausencia de ansiedad y estrés emocional. ¿Cómo es posible tener paz en un mundo tan desordenado y en caos? Mi paz es perfecta cuando me acerco a Dios en oración. Aunque el mundo a mi alrededor pueda estar en total confusión la paz que experimento como resultado de mi oración es una que no es movida por noticias terrenales. Le llevo a Dios todas mis cargas, todos mis temores y todas las cosas que no puedo controlar y, más aún, las que no puedo entender. La paz puede llegar incluso en medio de situaciones difíciles. Es posible experimentar paz emocional reconociendo que tenemos un padre celestial que nos toma de la mano derecha y que tiene un propósito en todas nuestras luchas diarias. En ocasiones intentamos encontrar la paz en cosas materiales y temporales. Sí, es posible encontrarla, pero será una paz transitoria y pasajera. Para experimentar una paz continua no podemos fijar nuestros esfuerzos en cosas efímeras. Si centramos nuestra energía en una experiencia de dolor (que es un evento pasajero) jamás encontraremos paz. En nuestro peregrinaje por la vida hay eventos y experiencias que no tienen explicación o sentido. Sin embargo, concentrar nuestros pensamientos en cosas positivas nos ayuda a avanzar en el proceso. Usa cada caída como base para levantarte más confiado. Y aunque todo a tu alrededor parezca en completo desorden decide encontrar la paz. En Isaías 26:3 tenemos una promesa grandiosa, es un mensaje alentador que nos conduce a la paz. ¡Tú guardarás en perfecta paz a todos los que confían en ti, a todos los que concentran en ti sus pensamientos!

El Señor te bendiga y te guarde;
El Señor te mire con agrado
y te extienda su amor;
El Señor te muestre su favor
y te conceda la paz.
Números 6:24-26

Escalón intencional "agradecimiento"

Sean agradecidos en toda circunstancia, pues esta es la voluntad de Dios para ustedes, los que pertenecen a Cristo Jesús, 1ra de Tesalonicenses 5:18 (NVI).

Ser agradecido en todo tiempo es muy difícil y duro. ¡Qué retador es mantener un corazón de agradecimiento en toda circunstancia! Cuando estamos atravesando por momentos de tristeza, ¡qué difícil es agradecer! Sin embargo, es necesario, es un acto de FE. Sin importar lo que nuestros ojos vean en el presente o sin importar lo que nuestros ojos no estén viendo, todo va a estar bien, ¡Dios está contigo! Cuando las cosas son lo contrario a lo que esperábamos, cuando te han traicionado, cuando te han abandonado, cuando te han deshonrado, cuando has tenido que permanecer en silencio queriendo decir, más bien gritar la verdad, ¡Tú Verdad!, cuando han pasado juicio de manera injusta, cuando te ha llegado una noticia adversa, cuando te han despedido del trabajo, cuando se ha terminado una relación significativa, cuando llega la enfermedad, cuando se presenta un divorcio, cuando un hijo se nos va, cuando un ser querido muere, es difícil ser agradecido. Sin embargo, es necesario. Hay que proponerse ser agradecido.

El mejor ejemplo para seguir y saber cómo actuar en momentos de dificultad lo tuvimos en Jesús, en su peregrinar en la tierra. La Biblia registra en Juan 11:38-42 lo siguiente: Todavía con lágrimas en los ojos, Jesús se acercó a la cueva donde habían puesto el cuerpo de Lázaro, y ordenó que quitaran la piedra que cubría la entrada. Pero Marta le dijo: "Señor, hace cuatro días que murió Lázaro. Seguramente ya huele mal". Jesús le contestó: "¿No te dije que, si confías en mí, verás el poder de Dios?". La gente quitó la piedra de la entrada. Luego, Jesús miró al cielo y dijo: "Padre, te doy gracias porque me has escuchado. Yo sé que

191

siempre me escuchas, pero lo digo por el bien de todos los que están aquí, para que crean que tú me enviaste". Resulta que Lázaro, el mejor amigo de Jesús, había muerto. El versículo más corto de la Biblia lo encontramos en el capítulo de Juan 11:35 y dice: "Jesús lloró". Vemos que Jesús fue conmovido y que en la tierra experimentó, como nosotros, episodios de tristeza y dolor. Un testimonio importante es que Jesús fue conmovido a misericordia y la manera de demostrarlo fue su llanto. Una demostración sumamente importante es el hecho de que antes de que ocurriera el milagro, mostró agradecimiento. En su corazón deseaba que su amigo fuese revivido. No lo requirió inmediatamente, primero que todo mostró agradecimiento por la petición que presentaría. Ciertamente, Jesús se enfocó en Dios, no hubo ninguna otra distracción, ni siquiera lo que estaba ocurriendo o lo que había ocurrido hacía cuatro días. Jesús, encauzado, miró al cielo, tuvo una actitud de agradecimiento, dio gracias a Dios y afirmó que siempre lo escuchaba, que estaba convencido de que era así. Es decir, creyó en su corazón que Dios siempre está pendiente de sus necesidades. Así mismo ocurre con nosotros, Dios siempre nos escucha, debemos, pues, agradecer, estando convencidos, creyendo que siempre nos escucha y afirmando que veremos cosas hermosas en nuestra vida. Hay muchísimas otras cosas que pudieran presentarse como distracción, pero debemos reenfocarnos a ser agradecidos. Jesús es nuestro mejor modelo.

Otro ejemplo para seguir lo encontramos en Lucas 22:14-20. Las escrituras lo reflejan de la siguiente manera: Cuando llegó la hora, Jesús y sus discípulos se sentaron a la mesa. Jesús les dijo: "He deseado muchísimo comer con ustedes en esta Pascua, antes de que yo sufra y muera. Porque les aseguro que ya no celebraré más esta cena, hasta el día en que comamos todos juntos en el gran banquete del reino de Dios". Luego, tomó una copa con vino, le dio gracias a Dios y dijo: "Tomen esto y compártanlo entre ustedes. Porque les aseguro que, desde ahora, no beberé más vino, hasta que llegue el reino de Dios". También tomó pan y le dio gracias a Dios; luego lo partió, lo dio a sus discípulos y les dijo: "Esto es mi cuerpo, que ahora es entregado en favor de ustedes. De ahora en adelante, celebren esta cena y acuérdense de mí cuando partan el pan". Cuando terminaron de cenar, Jesús tomó otra copa con vino y dijo: "Este vino es mi sangre, derramada en favor de ustedes. Con ella, Dios hace con ustedes un nuevo pacto".

Una vez más Jesús nos enseña a ser agradecidos. Resulta asombroso seguir el ejemplo de Jesús agradeciendo aun en su hora más crítica. Jesús bien conocía, sabía de todos y cada uno de los sufrimientos, en los planos emocional, físico, espiritual e interpersonal, así como de traiciones, deshonra, el dolor que iban a atravesar los que le amaban, su madre, amigos, discípulos y seguidores. Su ejemplo fue agradecer e hizo pacto con nosotros. Si ÉL lo logró, nosotros en su nombre también lo lograremos.

Las circunstancias presentes no definen lo que va a ocurrir en el futuro, tampoco determinan que van a terminar de la misma manera. Lo que sí te puedo asegurar es que van a cambiar, ten la certeza de que es para bien, cree en tu corazón que será para bien. La Biblia en Romanos 8:28 (NBV), nos recuerda que, si amamos a Dios, ÉL hace que todo lo que nos suceda sea para nuestro bien, entonces, no hay manera de que no le podamos sacar ventaja a estas situaciones temporales.

Sé que es duro ser agradecido en el dolor, lo reconozco y sé muy bien cómo se siente. Requiere tiempo, esfuerzo, decisión, determinación y práctica ser agradecido en momentos de dolor. Pero ¿cómo vamos a ser agradecidos en tiempos de dolor si no atravesamos por ellos? Parece paradójico, ¿verdad? La realidad es que hay que aprender a ser agradecidos en tiempos de dolor. ¿Cuál es la mejor manera de aprender?, pues practicando. En la práctica está la perfección. Hay que aprender a ser agradecidos en momentos de dolor. Yo lo veo como una escuela de práctica. Es un examen que debemos aprobar. Si no pasamos el examen lo tomaremos nuevamente. Lo visualizo como una formación, exactamente como la manera perfecta de pasar al próximo nivel. Cuando queremos ser promovidos al próximo nivel, debemos primero aprender cosas básicas, pues es justamente cómo funciona la vida. Hay algo que debo aprender, hay algo que me hará mejor persona. Ese algo me ayudará a manejar las situaciones de manera distinta, a tener más paciencia, tolerancia y compasión en el proceso. Agradecer en tiempos dolorosos es una decisión. Sí, es una decisión porque no es una acción que surja por si sola o por ósmosis. Requiere acción de nuestra parte, hay algo que tenemos que hacer y nos toca justo a nosotros.

Algunas investigaciones han demostrado que una actitud de agradecimiento tiene la fuerza de generar un estado mental más positivo y feliz. Adicionalmente, transforma el cerebro, ¿puedes creerlo? Según el Centro de Investigación de Conciencia de la Atención Integral de la Universidad de California en Los Ángeles (UCLA, por sus siglas en inglés), el Mindfulness Awareness Research Center, expresar gratitud cambia literalmente la estructura molecular del cerebro. Mantiene la materia gris funcionando, nos hace más saludables y felices. Cuando sientes felicidad, el sistema nervioso se ve impactado (de manera positiva). Por ende, somos menos reactivos, más pacíficos y menos resistentes. El estudio señala que el agradecimiento es la práctica más efectiva para estimular los sentimientos de felicidad.

El psicólogo Robert A. Emmons realizó una investigación en la cual trabajó con pacientes hospitalizados que tenían tendencias suicidas y les asignó la tarea de practicar un diario de gratitud y escribir una carta de gratitud para personas importantes y significativas en sus vidas. El estudio reflejó que estos pacientes inmediatamente se comenzaron a sentir más felices. La depresión comenzó a alejarse, los niveles de ansiedad bajaron y en el aspecto físico la presión arterial mejoró. La gratitud tiene un impacto directo en nuestro bienestar emocional, pero también en nuestro bienestar físico. Conectarnos con nuestra gratitud ayuda a que nuestras defensas suban y las relaciones interpersonales se fortalezcan.

Estoy agradecida porque esta situación dolorosa me permitió ver que Dios nunca me abandonó, siempre estuvo a mi lado. Incluyendo esos momentos en que pensé que me abandonó, no era cierto, era producto de mi imaginación, siempre estuvo ahí y siempre estará ahí para ti. De los pedazos rotos en el piso Dios hace obras maravillosas. Tiene la misericordia de unir cada pieza, cada pedazo de nuestra vida, que a nuestro entender es inservible, en un arte, en un canvas maravilloso. Con esta obra le dirá al mundo, es mi tesoro más preciado, es mía, la cuidé, la restauré, la sané, lo mismo puedo hacer contigo. Recuerdo un momento en el que me sentía muy triste y sola. Estaba caminando hacia un establecimiento comercial que se encuentra en un llano rodeado de montañas. No había manera de que alguna brisa llegara hasta allí. Fue precisamente cuando decidí retar a Dios, en mi caminar, me enfoqué en el cielo y desde lo más profundo de mi corazón le pedí, "Dios, necesito un abrazo". Fue en ese preciso momento cuando comenzó a soplar una brisa increíble, vi que los pajaritos comenzaron a volar con más fuerza y fue entonces cuando recibí ese abrazo que tanto necesitaba, mi abrazo vino directamente del cielo. Pero como ser humano, pensé, fue producto de mi imaginación, de un deseo de mi corazón que tanto anhelaba. Para mi sorpresa, había una mujer caminando cerca de mí, cuya presencia no había notado porque estaba concentrada en mi plática con Dios y, de repente, me comentó: "¿Y esa ventolera, de dónde vino?". En mi exterior sonreí, pero agradecí esa petición contestada, ese abrazo del cielo que tanto necesitaba. ¿Sabes?, durante el proceso fueron muchos los momentos en que me preguntaba por qué. ¿Ahora aprendí que la pregunta debió ser para qué? ¿Para qué estoy pasando por esta situación? ¿Qué es lo que debo aprender? Si estas preguntas llegan a tu mente ya hubo aprendizaje. Es difícil agradecer cuando las cosas no terminaron como las soñamos o como las habíamos planificado o, peor incluso, como hubiésemos querido. Agradezco porque en mi tiempo de dolor Dios no le hizo caso a tantas cosas que le pedí, cosas que quería que ocurrieran de determinada manera, mejor dicho, a mi manera. Él siempre supo que se trataba de mi momento de confusión mezclado con mi dolor. En medio de mi aflicción no podía ver claramente y pedí cosas que hoy reconozco que solo la hubiesen intensificado. Hoy miro hacia atrás y pienso que hubiese sido un verdadero desastre. Pedí muchas cosas que no estaban bien, basadas en el dolor que experimentaba. ¡Qué tranquilidad saber que Dios conoce el futuro! La Biblia establece en 1ra de Juan 3:30: "Porque cada vez que nuestro corazón nos condena, Dios es más grande que nuestro corazón, y ÉL sabe todo". En ese momento, precisamente, mi corazón me estaba condenando, pero agradezco cada cuidado. Cuando estamos pasando por momentos de tristeza resulta difícil encontrar razones por las cuales dar gracias, pero aprendí que el agradecimiento es la gracia inmerecida.

Es necesario tener siempre presente el valor de agradecer. Es sentir o mostrar gratitud por algo recibido. El versículo con el que comenzamos este escalón intencional nos exhorta a ser agradecidos en toda circunstancia. Toda circunstancia es toda circunstancia. No está haciendo alguna excepción o mencionando alguna en particular. Y el versículo de la Biblia tiene la nobleza de explicarnos por qué. Continúa diciendo que esa es la voluntad de Dios para nosotros, los que le pertenecemos.

Saber a quién le estamos dando las gracias por todos y cada uno de los eventos de nuestra vida nos reenfoca. Debemos aprender a agradecer cada situación vivida. Cuando estamos atravesando por momentos de tristeza resulta difícil encontrar razones por las cuales dar gracias. Como humanos tendemos a agradecer solo por los momentos en que experimentamos sentimientos de placer porque usualmente son favorables y los consideramos alegres. La realidad es que la alegría es relativa, sobrevaloramos los momentos "alegres" y esos estados de ánimo no duran para siempre. Hay situaciones que, en general, se pueden considerar como adversas y sacan a la luz lo mejor o cualidades que no nos enorgullecen del todo. Recuerdo que cuando laboraba en escenarios de penitenciaría llevaba una enseñanza en cada módulo. La lección comenzaba preguntando: "Si tienes una china (naranja) en tus manos y la exprimes: ¿Qué piensas que saldrá de ella?". Rápidamente el grupo casi a coro contestaba: "Jugo de china". Y yo preguntaba: ¿Por qué no sale jugo de manzana? A coro el grupo volvía a contestar: "Porque si exprimes una china lo que saldrá es jugo de china, no puede salir algo que no es, algo que no está en su interior". Me gustaba utilizar esa anécdota porque es precisamente en los momentos de tristeza cuando sale lo que hay dentro de nosotros. Salen nuestros valores, de lo que estamos hechos y nuestras creencias. Es importante reformularnos; ¿Qué está saliendo de nosotros en este momento de dolor? ¿Qué la gente a nuestro alrededor observa que sale de nosotros? ¿Nos encontramos satisfechos con el producto que ha salido a la luz de lo que habita en nuestro interior? Si nos encontramos satisfechos es un buen momento para continuar puliendo esos valores que tenemos y añadir otros. Si, por el contrario, el producto que está saliendo no habla bien de nosotros, no es lo que queremos, no nos define o sale otro contenido que ni siquiera teníamos idea que pudiera estar ahí, es un excelente momento para modificarnos. El simple hecho de hacer ese ejercicio ya es una ganancia. Es tiempo de agradecer.

En esos momentos de la vida en los cuales pensamos que no tenemos razón para agradecer es preciso dar una mirada al pasado. ¿Te consideras la misma persona que hace un año? No creo, por lo tanto, ya ha habido ganancia, es un buen momento para agradecer. Hay tantas situaciones de vida de las cuales Dios, en su infinita misericordia, nos ha librado y una gran cantidad de ellas de las que ni siquiera nos hemos enterado. Por ejemplo, en la temporada navideña muchas personas tienen por costumbre proponerse metas que esperan cumplir durante el transcurso del próximo año. Es triste ver que, en ocasiones, en el segundo mes del año ya no están trabajando para que se cumplan. Es más, si eres de los que realizaron una lista grandísima de metas y lograste cumplir tan solo una de ellas, ya es una razón por la cual estar agradecido. Tuviste las fuerzas y la energía para lograrlo, agradece. Recuerdo que en mi proceso de pérdida llegó el tiempo en el que tuve que ponerle alto a una situación y decidir si seguía hacia adelante o si, por el contrario, lo detenía. Mi decisión fue poner un detente y decidir, hasta aquí. Ante los ojos de otras personas pudiera parecer que me rendí, pero de una cosa estoy convencida y es de que en muchísimas ocasiones se gana "perdiendo". Y lo coloco entre comillas porque para lo que una persona puede significar perder para otra pudiera significar la ganancia más grande de su vida. En los procesos de aprendizaje siempre hay ganancia, nunca hay pérdida.

Agradezco que, luego de tomar esa decisión, sentí paz, tranquilidad y apertura a nuevos comienzos. Agradezco que el proceso duró el tiempo preciso, ni más ni menos.

Existe otro versículo de la Biblia muy conocido, se encuentra en Lucas 17:11 al 18 y se lee de la siguiente manera: Jesús siguió su viaje hacia Jerusalén, y tomó un camino que pasaba entre la región de Samaria y la región de Galilea. Cuando entró en una aldea, salieron a su encuentro diez hombres que estaban enfermos de lepra. Sin embargo, se quedaron un poco lejos de Jesús y le gritaron: "Jesús, Maestro, ¡ten compasión de nosotros y sánanos!". Jesús los vio y les dijo: "Vayan al templo, para que los sacerdotes los examinen y vean si ustedes están totalmente sanos". Y mientras los diez hombres iban al templo, quedaron sanos. Uno de ellos, al verse sano, regresó gritando: "¡Gracias, Dios mío! ¡Muchas gracias!". Cuando llegó ante Jesús, se arrodilló hasta tocar el suelo con su frente, y le dio las gracias. Este hombre era de la región de Samaria. Al ver eso, Jesús preguntó a sus discípulos: "¿No eran diez los que quedaron sanos? ¿Por qué solo este extranjero volvió para dar gracias a Dios?". Luego, Jesús le dijo al hombre: "¡Levántate y vete! Has quedado sano porque confiaste en mí".

Este pasaje de la Biblia tiene que ver con un grupo de personas que padecían una enfermedad llamada lepra, una condición que requería aislamiento. Por esta razón, los hombres estaban juntos, pero no se acercaban a las otras personas que se encontraban en el camino porque la condición era altamente contagiosa. En medio de la desesperación le gritaron a Jesús que tuviese compasión de ellos y los sanara. La instrucción fue directa, que se dirigieran al templo para que fuesen examinados y se pudiera corroborar si estaban sanos. Mientras iban de camino, fueron sanados. Uno de los diez, al verse sano, regresó para mostrar agradecimiento. Solo él regresó para expresar su gratitud. El versículo no cita que hiciera reclamos sobre por qué padecía esa enfermedad. Tampoco surge que hablara de las consecuencias físicas o sociales. Lo que sí registra el relato es que regresó y AGRADECIÓ. Ciertamente, hay una cantidad de preguntas que pudiéramos hacer en medio de nuestro dolor. Pero en este modelo la persona solo regresó para agradecer. Esto denota que hay virtud y poder en la acción de agradecer. Agradecer nos hace mejores, le añade valor a nuestra vida, le suma características positivas que, de no haber atravesado por el momento de dolor, no hubiésemos aprendido.

Con este peldaño intencionalmente recordamos: "De ellos saldrán cantos de gratitud y risas de alegría. No disminuirán, pues yo haré que aumenten. No los despreciarán, porque yo los honraré" (Jeremías 30:19). Ciertamente, más allá del momento doloroso que estás atravesando tus ojos serán abiertos para que puedas ver las bondades que existen en la acción de agradecer y esto te hará extenderte y alcanzar el próximo nivel.

Inventario de agradecimiento

Recomendaciones:

- Cada día, cuando abras los ojos, comienza agradeciendo el nuevo día.

- Busca los pequeños detalles que parecen cotidianos, cosas que das por garantizadas y agradece.

- Agradece a las personas que tienes alrededor. Da gracias anticipadas por lo que te gustaría ver.

- Recuerda: el agradecimiento es sanador. Agradece tanto las cosas que recibes como las que no recibes.

¡Aun así me alegraré en el Señor!
¡Me gozaré en el Dios de mi salvación!
Habacuc 3:18 (NTV).

CARTA DE AGRADECIMIENTO

En esta parte se provee espacio para que realices la actividad de agradecer. El propósito del ejercicio es crear introspección y hacer un inventario (en formato de carta) en el que tengas la oportunidad de practicar la virtud del agradecimiento. Realízalo a tu ritmo. Identifica el mejor momento y cuando te sientas preparado. Si enfrentas dificultades para redactar la oración inicial puedes comenzar identificando las experiencias nuevas de aprendizaje que has tenido en este proceso, notarás que luego las ideas fluirán.

Agradezco haber tenido la oportunidad de conocer un ser tan especial:

_____

_____

_____

_____

Cuando compartíamos sentía agradecimiento por:

_____

_____

_____

_____

Lo más que atesoro es:

_____

_____

_____

_____

Siempre recordaré cuando:

_____

_____

_____

_____

Agradezco cada momento vivido porque:

_____

_____

_____

_____

CARTA DE HASTA LUEGO DIRIGIDA AL LECTOR

Amado lector(a):

Mi corazón desea que hayas experimentado un proceso de aprendizaje y evolución en la medida en que fuiste pasando las páginas de este libro. Si encontraste valor en este mensaje, te invito a dejar una reseña, de manera que otras personas también puedan beneficiarse del conocimiento.

Si adquiriste el libro mediante la plataforma de Amazon, por favor, deja tu reseña en el apartado de ventas. Si lo adquiriste en una librería, me llenaría de felicidad recibir tu reseña en mi correo electrónico: draleslieannhernandez@gmail.com

Te invito a visitar mi página, www.draleslieannhernandez.com donde encontrarás videos e información relacionada con mis servicios.

¡Sígueme en mis redes sociales!
Facebook: draleslieannhernandez
Instagram: @draleslieannhernandez
YouTube: draleslieannhernandez

¡Gracias por la oportunidad y por permitirme ser parte de tu proceso!

Referencias

Asociación Americana de Psiquiatría, (2013). *Manual de diagnóstico y Estadístico de los Trastornos Mentales DSM-V* (5ta ed.). Argentina: Panamericana Médica, Editorial.

Bowlby. J. (2014). *Vínculos afectivos: formación, desarrollo y pérdida.* Madrid, España: Ediciones Morata.

Emmons, R. (2008). *Correlaciones neuronales de la gratitud.* (Estudio de la Universidad del Sur de California). Departamento de Psicología.

Garmezy, N. (1991). *Resilience and vulnerability to adverse developmental outcomes associated with poverty.* American Behavioral Scientist, 34(4), 416–430. https://doi.org/10.11 77/0002764291034004003

Grotberg, E. (1995): *A guide to promoting resilience in children: strengthening the human spirit, The international Resilience Project.* La Haya: Bernard Van Leer.

Kübler-Ross, E. (1994). *Sobre la muerte y los moribundos.* Barcelona, España: Grijalbo.

Luthar, S. & Cushing, G. (1999). "The construct of resilience: Implications for interventions and social policy". *Development and Psychopathology,* 26 (2), pp. 353-372.

Masten, A. (2001). *Resilience come of age: Reflections on the past and outlooks for the next generation of researchers.* En M. Glantz & J. Johnson (eds.) Resilience and Development: positive life adaptations, (pp. 281-296). Nueva York: Plenum Publishers.

Organización Mundial de la Salud (1992). Clasificación internacional y estadística de enfermedades y problemas relacionados con la salud/clasificación internacional de Enfermedades (CIE-10).

Real Academia Española. (2014). *Diccionario de la lengua española* (23ª ed.).

Reina Valera, (1960). Santa Biblia -Nueva Versión Internacional- Sociedad Bíblica Internacional.

Richardson, G.E., Neiger, B.L., Jenson, S. y Kumpfer, K.L. (1990). *The resiliency models.* The Health Education. 21, 33-39.

Rutter, M. (1985): *Resilience in the face of adversity: Protective factors and resistance to psychiatric disorder,* British Journal of Psychiatric.

Sáez, C. (9 de mayo de 2012), *Emociones desde el útero.* Obtenido de La Vanguardia: https://www.lavanguardia.com/estilos-de-vida/20120509/54288851311/emociones-desde-el-utero.html

Vanistendael, S. (2003). La resiliencia: *desde una inspiración hacia cambios prácticos,* 2º Congreso internacional de los trastornos de comportamiento en niños adolescentes. Madrid.

Werner, E. E. y Smith, R. S. (1982): *Vulnerable but invincible: a longitudinal study of resilient children and youth.* Nueva York: McGraw Hill.

Wolin, S. J. y Wolin, S. (1993): *The resilient self: how survivors of troubled families rise above adversity.* Nueva York: Villard Books.

www.ingramcontent.com/pod-product-compliance
Lightning Source LLC
Chambersburg PA
CBHW051147120626
46547CB00012B/985